中华文明黄河故事丛书

黄河文化专家　李殿奎　推荐

母亲河畔的儿女

名胜古迹篇

主　编／赵　勇
本册编著／朱京辉

山东人民出版社·济南
国家一级出版社　全国百佳图书出版单位

图书在版编目（CIP）数据

母亲河畔的儿女. 名胜古迹篇 / 朱京辉编著. -- 济南：山东人民出版社，2024.6

（中华文明黄河故事丛书 / 赵勇主编）

ISBN 978-7-209-13971-7

Ⅰ. ①母… Ⅱ. ①朱… Ⅲ. ①黄河流域－文化史 ②名胜古迹－介绍－中国 Ⅳ. ①K292 ②K928.7

中国版本图书馆CIP数据核字（2022）第130807号

母亲河畔的儿女·名胜古迹篇

MUQIN HEPAN DE ERNÜ · MINGSHENG GUJI PIAN

赵 勇 主编 朱京辉 本册编著

主管单位	山东出版传媒股份有限公司
出版发行	山东人民出版社
出 版 人	胡长青
社 址	济南市市中区舜耕路517号
邮 编	250002
电 话	总编室（0531）82098914
	市场部（0531）82098027
网 址	http://www.sd-book.com.cn
印 装	济南龙玺印刷有限公司
经 销	新华书店
规 格	16开（170mm×240mm）
印 张	9
字 数	91千字
版 次	2024年6月第1版
印 次	2024年6月第1次
ISBN	978-7-209-13971-7
定 价	42.00元

如有印装质量问题，请与出版社总编室联系调换。

《母亲河畔的儿女·名胜古迹篇》

编审委员会

本册编著：朱京辉

副 主 编：李素华

编　　委：李　宁　　李雅琪

主编的话

　　黄河，中华民族的摇篮，是我们的母亲河，是中华民族伟大复兴的坚定信念源泉。

　　黄河，她用母亲的乳汁哺育着中华民族，勤劳、勇敢、善良的中华儿女，在这里繁衍生息，建功立业。

　　黄河，自远古走来，用她那恢宏的气势、博大的胸怀，锻炼出了中华民族坚强不屈、追求自由的精神。

　　黄河，千百年来，诉说着人间的悲欢哀乐，显示着历史的艰难曲折，鼓舞着我们追求新的理想、新的精神世界。

　　黄河啊！你自强不息，生生不已，保持着自己民族丰富多彩的特色，并汇入世界文化的大海。你自尊、自豪、自信、自强；你奔腾流淌，你的文化在世界的东方永放光彩。

　　讲好"黄河故事"，延续历史文脉，坚定文化自信，为实现中华民族伟大复兴的中国梦凝聚精神力量。

我们抓住了作为中华民族之根的黄河文化，也就抓住了中国历史的根本。由母亲河（黄河、长江）所培育出来的中华民族恢宏的气度胸怀与精神品格，是我们国家富强、民族振兴的精气神。

这套适合青少年阅读的书籍，就是要讲好黄河故事，希望青少年从小汲取营养，陶冶心灵，激扬精神，开拓进取，鉴往知来。

我们坚信：黄河文化是实现中华民族伟大复兴，坚定现代中国发展道路最为深厚、最为核心、最为可靠的文化根基和历史依据。

赵勇

2022 年 5 月 20 日

目 录

第三章 甘肃篇

第四章 宁夏篇

第五章 内蒙古篇

第一章　青海篇

昂拉千户宅院

昂拉千户宅院位于青海省尖扎县。宅院始建于清代，重建于1941年。昂拉千户是吐蕃国王赤热巴坚的后代。为守卫边界和征税，吐蕃国王赤热巴坚来到此地居住生活，从此成为尖扎两岸的领头人。清朝乾隆年间，他的后代被封为昂拉千户。这座宅院便是第七代千户项谦继位后所建，是保存较完整的藏式庄院之一。

这座宅院颇具历史气息，院中摆放着一些藏族生活用具，有糌粑盒、木臼、簸箕、驮水桶、酥油桶、牛皮桶、石磨等。这些陈旧的生活用具，让人联想到藏族人民独特的生活方式。登上木楼梯，便来到了庄园的第二进院。正房为单层山顶砖木结构，正面是大经堂，两侧各有一座小角院，作为佛堂，专供千户和活佛念经。

昂拉千户院中最令人称奇的是木雕和彩画，其工艺精湛程度令观者惊叹。据千户院看守人讲，修建庄园时，项谦亲自到各处寻访能工巧匠。他专门去甘肃白塔寺请来了一位木雕大师，这位大师只用脚量就能通达全局。画匠是从塔尔寺请来的马师傅，他对各种彩绘壁画都有精深的研究和造诣。最有趣的是绘在客厅整面墙壁上的一棵葡萄树，工匠利用葡萄树的枝蔓组成了大象、鹿、鸟、虫、鱼、鼠等十三种动物图案，动物的形态逼真，艺术价值极高。

　　这座宅院在修建时动用了昂拉八庄所有的男性劳力，耗时三四年，才得以建成。千户庄院巧妙地利用了地形，整体建筑呈现出高低错落的布局，再加上精细的设计，既有汉式宫殿的磅礴大气，又具有浓郁的地方民族特色。同时，作为一座历经时代变迁的宅院，昂拉千户院具有很高的观赏、科研和历史价值。

斗后宗古城

斗后宗古城伫立在青海省同德县，依河流北岸的地形而建。古城遗址呈不规则的椭圆形，东西长约150米，南北宽约50米，总面积7000多平方米。古城的东、西、北三边以沟壑与南巴滩隔断，形成了易守难攻之势。

古城内，地势平坦，城中有一处圆形的土台，直径约6米，高11米。西南部古建筑遗迹的形貌依稀可见，古城中多为半地穴式房屋残墙，墙上有近40厘米厚的灰层，灰层内夹有兽骨、木炭、磨制石器和陶片等。从采集到的16块陶片看来，大多数属于典型的唐汪式旋涡纹黑彩红陶大耳罐陶片。

越过河岸，展现在眼前的是一片辽阔的古梯田。虽历经千年，田埂仍依稀可见。在古城周围，尕日干水两岸方圆30千米的范围内，分布着上尕毛其、才乃亥、松多等城址，更多的古城还有待发掘。斗后宗古城不仅建立了繁荣辉煌的古代文明，还在后来不断的延伸发展中孕育了先弟文明与羌藏文明。斗后宗古城遗址的发现，对我们探讨黄河上游原始社会向阶级社会过渡的历史提供了极为重要的实物资料。

 拉加寺

　　拉加寺位于青海省玛沁县，清乾隆三十四年（1769年）建成。因清乾隆三十九年（1774年）御笔亲赐"嘉祥寺"匾额，故亦称"嘉祥寺"。

　　拉加寺以大经堂（托桑林）为中心，建筑布局错落有致，融合了汉藏建筑艺术，是一个颇具规模的建筑群落。

　　大经堂为两层平顶式藏式建筑，土木结构，在全寺居中心位置，是这一建筑群落的总领。大经堂面阔九间，进深九间，殿内有立柱64根，前排廊柱为藏式折角形，其余为方柱，柱头用托木承担梁架。大经堂的顶层为四合院式的平顶建筑，屋面置鎏金铜质宝顶、法轮和对鹿。大经堂由山门、回廊、辩经院、大经堂、佛堂等建筑构成，四周以藏式边麻墙围合，南面墙体正中为歇山顶门楼。辩经院在大经堂前面的空地上，地面平整，面积宽阔，是寺院僧人辩经的活动场地。

　　上密宗院，坐北朝南，位于大经堂背后，东临上灵塔殿，由大门、院落和主殿组成。院落内柏树郁郁葱葱，四周是封闭的夯筑墙，墙头做成边麻墙，上覆青瓦。主殿建在院落后面的台基上，有着汉藏结合的建筑特点，平面呈长方形，一层为藏式平顶建筑，面阔五间，进深三间，立柱24根，柱头上雕刻有花卉图案。

　　下密宗院由门楼、回廊和经堂组成，门楼紧靠伙房东墙，为重檐

歇山顶，为汉式建筑风格，规模小而紧凑。由门楼入内，南面和西南依墙体走势建有折角形回廊。经堂平面呈长方形，为土木结构二层藏式平顶建筑，屋顶置鎏金铜质宝顶、法轮和对鹿，底层为经堂，经堂面阔六间，进深五间，殿内竖有立柱20根，经堂靠北两端设有坛城，专供寺院举行粉彩坛城法会时使用。密宗院檐墙上饰边麻草，藏式狭窗、墙头覆以青筒瓦和滴水瓦当，为汉式建筑风格。

拉加寺建筑群落既具有藏式建筑的特点，又融合了汉式建筑的风格，是汉藏文化交流融合的结晶。

瞿昙寺

　　瞿昙寺，位于青海省海东市，面朝瞿昙河，背靠罗汉山，北依松花顶，南对照碑山。这座寺院建于明洪武年间，明太祖朱元璋为其赐名"瞿昙寺"。

　　建寺以来，瞿昙寺得到了明王朝历代皇帝的高度重视。明朝皇帝中有7位皇帝曾为瞿昙寺下达敕谕，赐其金、银、象牙图章，并封僧官为西天佛子大国师。

　　寺院建筑基本采用汉式庙宇形制，全寺由前、中、后三进院落组成，并在一条中轴线上。从山门起的中轴线上，依次为山门、金刚殿、瞿昙殿、宝光殿、隆国殿等大型宫殿式建筑，两侧则对称地建有御碑亭、小钟鼓楼、回廊、宝塔、配殿、经堂、大钟鼓楼等。其中，前区基本呈汉地佛寺"伽蓝七堂"的格局；后区巍峨壮丽，冠于全寺的隆国殿，两翼有呈斜廊，还有造型端庄的大钟楼和大鼓楼对峙左右。金刚殿是前中后殿的分界和过道，采用梁柱结构，不施斗栱。瞿昙殿居中院前部，呈平面布局。

　　瞿昙寺端正、庄重、古朴的气度，是丰富而厚重的民族文化遗产。

塔尔寺

塔尔寺又名塔儿寺，位于青海省西宁市，创建于明嘉靖三十九年（1560年）。

塔尔寺是中国西北地区藏传佛教的活动中心，在中国及东南亚地区享有盛名。明朝曾多次对寺内上层宗教人物封授名号，清康熙帝赐有"净上津梁"匾额；乾隆帝赐"梵宗寺"称号，并为大金瓦寺赐"梵教法幢"匾额。

塔尔寺依山傍塬，坐落于莲花山坳，共有大金瓦寺、小金瓦寺、花寺、大经堂、九间殿、大拉浪、如意塔、太平塔、菩提塔、过门塔

等大小建筑1000多座，4500多间殿宇僧舍。这些大大小小的建筑兼具汉宫殿与藏族平顶建筑的风格。

塔尔寺中的殿宇高低错落，交相辉映，气势壮观。位于寺中心的大金瓦殿，绿墙金瓦，灿烂辉煌，是该寺的主建筑，它与小金瓦殿、大经堂、吉祥宫、酥油花院等建筑形成了错落有致、布局严谨、风格独特的建筑群。

大金瓦殿的建筑面积为450平方米，其屋檐用1300两黄金和一万多两白银打造而成，为三层重檐歇山式金顶，后来又在檐口上下装饰了镀金云头、滴水莲瓣。殿内悬挂着乾隆皇帝御赐的金匾，匾额题字为"梵教法幢"。大金瓦殿内，矗立着一座12.5米高的大银塔。大银塔以纯银作底座，镀以黄金，并镶嵌各种珠宝，裹以数十层白色"哈达"，以示高贵。梁枋上布满了帷、幡、绣佛、围帐、哈达，琳琅满目。整个建筑庄严大方，雄伟壮观。

文成公主庙

　　文成公主庙，位于青海省玉树藏族自治州玉树县，也被称作"沙萨公主庙"。文成公主庙始建于唐代，相传是唐代藏民为纪念文成公主而建，是唐蕃古道的重要文化遗存之一。

　　文成公主庙共有三层，庙中央供奉着大日如来佛像。从外观来看，文成公主庙既有唐代的艺术风格，又有藏式平顶建筑的特点，蕴含着

汉藏一家的美好愿望。

文成公主庙坐北朝南，巧妙地依附在悬崖之下。庙门旁有一碑石，记载了文成公主庙的历史。庙内殿堂正上方的岩壁上凿刻有九尊浮雕佛像，居中的主佛像便是大日如来佛像。如来佛像高7.3米，栩栩如生，端庄慈祥。在主佛像的两侧，各有四尊高约4米的侍者佛像立在小莲花座上，雕刻技艺精湛，造型浑朴生动，神态端庄，反映了唐代雕刻工艺的高超水平。庙内两侧墙壁上有两幅活佛画像，雕像对面壁上亦绘着竹笋、石榴、棉花、宝镜和馒头的壁画，记录了当年文成公主教当地藏族人民耕作与纺织的事迹。

文成公主庙面临溪流，背倚高山，掩映于苍松翠柏之间，是西藏佛教徒朝拜和海内外游人游览之所。

中库沟诸遗址

中库沟诸遗址位于青海省循化撒拉族自治县一处台地上。台地西靠高山，东面是中库沟河。

遗址长度约2500米，宽400余米，整体地形平坦开阔。台地自北向南排列了五条沙沟，当地人分别称他们多浪角木、阿杂日、哇让、宗其昂、岗相。考古人员在这些沙沟周围发现了共计12处遗址，发掘出陶片、人骨、兽骨等古代遗物。这些遗址，有的被覆盖在村庄遗址之下，有的在各个沙沟之间的耕地里。考古人员发现古代遗物的土层深度大概在40厘米至70厘米。除了在地面上散布较多的陶片、杂骨、石片以外，还在两处遗址中发现了白灰碎块、灰层、灰坑等，这些遗物对研究当时人们的生产生活习惯有很大的帮助。

这些发掘出的陶片属于齐家文化的泥质红陶器，有双耳罐、折肩罐、加砂陶绳纹罐和属于卡约文化阿哈特拉类型的加砂灰陶长颈双耳罐、红陶腹耳壶及少量旋纹图案彩陶罐和陶罐的残片。这些遗址内的文物类型均属一致，是齐家文化与卡约文化共存的见证，遗址分布相当密集，若无洪沟相隔，相互之间连成一片。身处这片遗址，不禁使人联想到那个年代的先辈们在这片土地上生息繁衍的场景。

第二章 四川篇

毕棚沟

毕棚沟，坐落于四川省阿坝藏族羌族自治州，享有"川西小瑞士"之美誉。这里不仅是大熊猫的乐园，更是米亚罗红叶风景区中的一颗璀璨明珠。其海拔高度在2015米至5922米之间，占地面积达到了613.8平方千米。

毕棚沟的自然景观堪称一绝，宛如一幅未经雕琢的原始画卷。冰川、雪峰、海子、原始森林、溪流、飞瀑、高山草甸、红叶、花海、彩林等自然风光一应俱全。骆驼峰、玉兔峰、狮子峰、青龙瀑布、卓玛湖、月亮湾等景点更是美不胜收，让人流连忘返。

然而，大雪过后的毕棚沟更是美得如诗如画，成了四川最佳的观景拍摄地点。沿着当地人的推荐路线，首先映入眼帘的是龙王海。当瀑布和湖面结冰时，那种壮丽景色简直让人叹为观止。紧接着是磐羊湖，大雪后，湖畔的树木都被霜雪装点得如梦如幻，仿佛置身于童话世界。而距离不远的燕子岩，作为毕棚沟积雪最厚的地方，则是打雪仗爱好者的天堂。

四川的毕棚沟，每一处景色都让我们为大自然的神奇美丽和鬼斧神工而惊叹。无论春夏秋冬，这里都有着不同的美景等待我们去发现、去欣赏。

武侯祠

　　武侯祠，位于四川省成都市，始建于南北朝时期，原是纪念诸葛亮的专祠，亦称孔明庙、诸葛祠、丞相祠等，后合并为君臣合祀祠庙，供奉着蜀汉昭烈帝刘备及蜀汉的重要人物。

　　武侯祠占地面积15万平方米，承载着民众对蜀汉丞相诸葛亮"鞠躬尽瘁，死而后已"精神的肯定和赞誉，也是三国遗迹的源头，由汉昭烈庙、武侯祠、惠陵、三义庙四部分组成。

　　一进武侯祠的大门，浓荫丛中，矗立着六通石碑，其中最大的一

通是蜀汉丞相诸葛武侯祠堂碑。这块碑由唐朝著名宰相裴度撰碑文，书法家柳公绰书写，名匠鲁建刻字。因三人技艺精湛绝世，因此被称为"三绝碑"。碑文竭力赞颂诸葛亮的高风亮节、文治武功，以此激励唐代的执政者。

武侯祠主体建筑分为大门、二门、刘备殿、过厅、诸葛亮殿五重，严格排列在从南到北的一条中轴线上。汉昭烈庙是硬山式屋顶，以中柱分隔成内外两间。大门中开，朱红大匾上刻有"汉昭烈庙"四个金色大字，大门前左右两侧，各有一尊明代石狮，位于大门中轴线外有照壁一座，照壁两侧有榕树相映。

刘备殿坐落在一进院的北面，与东、西两侧的文臣武将廊和南边的二门，构成了一个完整的四合院式建筑。该殿为传统单檐歇山式建筑，面阔七间，进深四架。前檐柱上雕有彩绘敷金的祥兽图案，制作精巧。二门上方悬匾大书"明良千古"四个大字，由清康熙年间四川提督吴英所撰写，意为"明君良臣，千古垂范"。殿内正中为刘备的坐像，这是整个武侯祠中最高大的塑像。坐像高3米，全身贴金，冠冕九旒，双手执圭。左右侍者，一捧传国玉玺、一捧尚方宝剑。塑像前牌位上写着刘备的谥号"汉昭烈皇帝"，充分体现了君尊臣卑的等级观念。正殿两侧紧邻东、西偏殿，东偏殿有关羽塑像和其子关平、关兴及其部将赵累、周仓的陪祀塑像；西偏殿则是张飞及其子张苞、孙张遵的塑像。

诸葛亮殿则是极为传统的庙宇建筑，由过厅、东厢房、西厢房、

钟楼、鼓楼、孔明殿6组建筑围合而成，总建筑面积1588平方米。殿宇宽敞开朗，面阔5间，平面呈长方形，梁架式木结构，面积仅为刘备殿的一半。殿前石砌台阶，素面石栏杆，望柱上石刻动物；殿前檐柱8根，上有雕花撑弓。金柱之间均置蛛网花格门，以别内外；地势略高，使殿堂增加肃穆感。屋顶为单檐歇山式顶，飞檐翘角，中堆为火焰宝珠、二龙戏珠，腰花饰弥勒佛像。明代凤鸟纹四足香炉置于殿前，炉口沿上铸一双抱财童子，造型生动。殿左右两角，分别为钟楼和鼓楼。诸葛亮塑像在一神龛内，上悬挂"静远堂"匾额。塑像塑于清康熙十一年（1672年），诸葛亮手持羽扇，头戴纶巾，身披鹤氅，神态儒雅，颇有一代名相风度。

大邑刘氏庄园

　　大邑刘氏庄园位于四川省成都市，是中国近现代社会的重要史迹和代表性建筑之一，也是中国半殖民地半封建社会的一个缩影。

　　庄园始建于清末，至民国末年完成，占地7万余平方米，建筑面

积达2.1万平方米，南北相望，相距300米，形成两大建筑群落。老庄园以其不规则多边形的设计而著称，有6米多高的风火砖墙，7道大门，27道天井，180余间房屋和3个花园。内部布局错综复杂，仿佛一座迷宫，既有长方形、方形、梯形、菱形等各种造型，又有数百种雕花门缕等装饰。庄园内部分为多个功能区，包括大厅、客厅、接待室、账房、雇工院、收租院、粮仓、秘密金库、水牢和佛堂等。

新公馆展现了中西合璧的建筑特色，既有中国封建豪门府邸的遗风，又融入了西方城堡和教堂建筑的元素。庄园建筑的主体风格体现了中国传统美学取向，同时又在细节上融入了西方的审美特征。这种中西合璧的建筑风格，不仅反映了20世纪二三十年代四川西部近代民居建筑的发展过程，更是西方建筑文明与中国传统建筑文化相结合的典范。

大邑刘氏庄园不仅具有极高的历史和艺术价值，还是研究中国半殖民地半封建社会政治、经济、文化，以及四川军阀史、民俗学、近代民居建筑的重要实物。它见证了社会历史的变迁，展现了近现代四川西部的建筑技艺、乡村民俗与传统文化。这座庄园的存在，为我们提供了一个深入了解和研究中国近现代社会发展史的宝贵断面。

都江堰

　　都江堰，坐落在四川省成都市的都江堰市，位于成都平原西部的岷江上。自秦昭王后期起，蜀郡守李冰便组织岷江两岸的人民，巧妙利用当地西北高、东南低的地理条件，依据江河出山口特殊的地形、水脉、水势，建造了这一伟大的工程。

　　都江堰的核心是渠首枢纽，由鱼嘴、飞沙堰、宝瓶口三大主体工程构成。这三者之间相互配合，相互制约，保证了都江堰防洪、灌溉、水运和社会用水综合效益的充分发挥。

　　鱼嘴分水堤，因其形如鱼嘴而得名，巧妙地将汹涌的岷江分成内

外二江。内江是人工引水渠道，主要用于灌溉；而外江则是岷江正流，主要用于排洪。这种设计使得都江堰能在不同季节自动调节水量，满足灌溉和排洪的需求。

飞沙堰溢洪道则具有泄洪、排沙和调节水量的功能。洪水期，它不仅能泄洪水，还能利用水漫过飞沙堰流入外江水流的漩涡作用，有效减少泥沙在宝瓶口前后的淤积。

宝瓶口是内江的进水口，形如瓶口，能自动控制内江进水量。它是人工凿成的控制内江进水的咽喉，使得都江堰能更精确地调控水量。

都江堰的建成，使得成都平原这片土地从洪涝成灾、干旱缺水的困境中解脱出来，变成"沃野千里"的富庶之地，也因此获得了"天府之国"的美称。都江堰不仅是一项伟大的水利工程，更是古代中国人民勤劳和智慧的结晶。

阆中古城

阆中古城，位于四川省阆中市，地处四川盆地东北、嘉陵江中游，是古代的军事重镇，有"中国春节文化之乡""中国四大古城之一"的美称。

阆中古城棋盘式的布局融合了南北建筑风格，形成了风格各异的建筑群体，如"半珠式"、"品"字形、"多"字形等，充分展示了中国古代建城选址"天人合一"的哲学思想。古城内包含了许多重要的建筑，如张飞庙、永安寺、五龙庙、滕王阁、观音寺、巴巴寺、大佛寺以及川北道贡院等。

汉桓侯祠，常被称为张飞庙，明代时又被称为雄威庙。这座明清时期重建的四合庭院式古建筑群占地超过5000平方米，建筑规模宏大且精美。它由山门、敌万楼、左右牌坊、东西厢房、大殿、后殿、墓亭和墓冢等部分组成，建筑面积达2200平方米，是三国文化的重要遗迹。

五龙庙坐落在阆中河楼乡白虎村的五龙山脚下。该庙始建于唐代，后于元至正三年（1343年）进行了重修。庙宇占地4亩，建筑面积100平方米。尽管原有的山门、戏楼、左右厢房及文昌阁等建筑已不复存在，但幸存的元代文化遗址文昌阁仍展现出全木结构建筑的独特魅力。

　　永安寺位于水观镇东北方向的黄泥岗上，距离阆中城约40公里。这座寺庙始建于唐代，是一座重檐悬山式建筑。

　　滕王阁则位于阆中城北的玉台山上。滕王由寿州调任隆州（今四川阆中），因不满当地的官府建筑简陋，于是在城中建造了"隆苑"（后改名为"阆苑"），同时在玉台山上建造了玉台观和滕王亭以供其娱乐。滕王阁的台基上有一座唐代佛像，塔身为上大下小的长圆球体，正中开有一龛，内刻有一尊结跏趺坐于莲台上的佛像。塔身上方装有塔刹，由8位石雕力士支撑，刹身为六方柱，每方都刻有一尊佛像。

　　阆中古城融合了巴人文化、三国文化、民俗文化和红色文化等多种文化元素，是一座名副其实的"文化古城"。

乐山大佛

乐山大佛，又名凌云大佛，全称为"嘉州凌云寺大弥勒石像"，坐落于四川省乐山市。这尊大佛开凿于唐代开元元年（713年），历经约九十年，直至贞元十九年（803年）才完成。大佛是一尊高达71米的弥勒佛坐像，不仅是我国最大的摩崖石刻造像，更是世界文化史上的奇迹，充分展现了古代劳动人民的卓越智慧和才华。

乐山大佛的神态肃穆、气势磅礴，给人留下深刻的印象。其头部与山齐高，发髻形态逼真，端庄而安详。大佛左右两侧的崖壁上，还有两尊身高超过16米的护法天王像，与大佛一同守护着这片神圣的天地。在乐山大佛的右侧有一条九曲古栈道，这是唐代工匠在开凿大佛时留下的珍贵遗迹。这条栈道沿着绝壁开凿而成，曲折九转，奇陡无比，走在上面不禁让人心生敬畏。

令人惊叹的是，乐山大佛顶上共有1051个螺髻。从远处看，这些发髻与头部浑然一体，实际上却是工匠们用石块一块块嵌就而成。螺髻的表面抹有两层灰泥，内层为石灰。这种做法既增加了大佛的坚固性，又为其增添了一种独特的艺术效果。

 # 三苏祠

三苏祠，位于四川省眉山市，是北宋文学家苏洵、苏轼、苏辙父子三人的故居及祠堂。

三苏祠始建于北宋，现为清康熙四年（1665 年）重建遗存，为清代园林式文人祠堂。祠堂由前厅（古祠大门）、飨殿、启贤堂、来凤轩、东西厢房及廊构成三进四合院，在同一中轴线上，由南而北。东西厢房在左右均衡的基础上又有自由变化，从而形成不严整对称的格局。

整个祠堂的建筑被古榕覆盖，环境幽雅宁静。南大门为垂带式踏道，门楣上挂着清代书法家何绍基题写的"三苏祠"匾额。门柱上刻有对联一副："北宋高文名父子，南州胜迹古祠堂。"表达了对三苏父子的赞誉。

飨殿是祠堂的核心建筑之一，小青瓦房面，脊正中有宝顶式三重檐楼阁式饰物，高1.5米，脊上有对称的六组走兽，脊两端饰鸱吻，整个饰物均为陶制品。地坪为三合土。前三楹有三匾，从左到右分别为"文峰鼎峙""是父是子""文章气节"，充分展现了三苏父子的卓越才华和崇高品质。

启贤堂是歇山式屋顶，抬梁式梁架，小青瓦房面。正脊两端饰鸱吻，有卷草式图案。垂脊、戗脊上饰走兽，亦有卷草式图案。东、南、西三面有回廊。木假山堂位于启贤堂北楹，堂后壁书有苏洵所作《木假山记》，堂前为方池，池内有石砌台和石山，与堂上木山相映成趣。石山上有小竹一丛，榕树、黄杨各一株。堂前两侧各有石坪桥一座，上覆回廊，穿回廊可达来凤轩。来凤轩是悬山式屋顶，小青瓦房面，与连接启贤堂的桥廊组成第三进四合院。轩后有翠竹万竿围护，使主体建筑显得更为集中。

三苏祠还有许多附属建筑和景点，如披风榭、瑞莲西池等。这些建筑和景点都体现了明清时期建筑的特色和风格，同时也融入地方文化和民间艺术元素，使得三苏祠成了一个集历史、文化、艺术为一体的综合性文化遗产。

第三章 甘肃篇

白塔山

白塔山位于甘肃省兰州市，因为山上有一白塔，所以得名白塔山。白塔山山势巍峨起伏，是兰州北面的天然屏障。古往今来，都是兵家必争之地。

白塔山园林建筑主要有塔寺、殿厅、亭台、楼阁、牌坊等。山上建寺之始，已无确考。明正统十三年（1448年）前，山上即存白塔古刹遗址。正统末景泰初，镇守甘肃的内监刘永诚就遗址加以重建，并在塔院东北建福禄寿三星殿、文昌宫、魁星阁。至万历二十年（1592年）又重修塔院，并在塔院北建地藏寺，在山麓建玉皇阁。白塔山西南山麓原有佛舍三楹，清康熙四十四年（1705年）复凿山岩建金山寺。康熙五十四年（1715年）甘肃巡抚绰奇在塔院西增建佛殿一区，题额"慈恩

寺"，亦称白塔寺。康熙时，还在白塔寺西南凤岭山建三官殿，嘉庆时补修墙垣台阶和药王、财神殿地砖。清乾隆、道光间，在塔院与玉皇阁之间，就山势分十级依次建十座庙宇，供奉十殿阎罗统称"十王殿"（后在改建中多已拆除，唯罗汉殿西下崖头尚存一殿）；在塔院东建三教道统祠（云月寺），东南建罗汉殿。

20世纪50年代，政府先后在坍塌的古建筑遗址和废墟上重建了气势宏大、庄重典雅的一、二、三台古典式建筑群，修建了雕梁画栋、飞檐斗拱的百花亭、驻春亭、牡丹亭、喜雨亭等建筑，并架起了跨越黄河直达山巅最高建筑牡丹亭的"天下黄河第一索道"。

莫高窟

　　莫高窟，这座坐落于甘肃省敦煌市的佛教圣地，一直以来都是人类文明与艺术中的无价之宝。在历史的长河中，它历经风雨，却依然熠熠生辉，照耀着后世。

　　自前秦宣昭帝苻坚时期开始，莫高窟的建造历程便拉开了序幕。随着北朝、隋朝、唐朝等朝代的兴建，洞窟的数量逐渐增多，规模不断扩大。每一个洞窟都是一段历史的见证，每一尊佛像都诉说着一个故事。

　　根据唐朝一书《李克让重修莫高窟佛龛碑》记载，前秦建元二年（366年），僧人乐尊路经此处，忽见金光闪耀，如现万佛，乐尊便在岩

壁上开凿了第一个洞窟。后来又有许多禅师继续在此间建洞修禅，渐渐地被多数人所熟知，人们称它为"漠高窟"，即"沙漠的高处"。

北魏、西魏和北周时，佛像艺术鼎盛，统治者崇信佛教，石窟建造得到贵族们的支持，所以发展较快。汉代隋唐时期，伴随着丝绸之路的开辟，莫高窟作为丝绸之路的必经之地，更为兴盛，来往过路的商人为祈求平安也会前来祈祷或者开凿佛窟、积攒功德。后来，莫高窟渐趋衰落，新建的洞窟也开始变少。元代以后敦煌停止开窟，导致莫高窟逐渐被冷落废弃。清朝，康熙帝平定新疆，雍正帝在此处设置城池，并将甘肃各地的居民迁到此处，乾隆帝为此地赐名敦煌县。历经三代帝王的努力，敦煌的经济才开始恢复。莫高窟也重新出现在世人的面前。

莫高窟在元代以后鲜为人知，基本保存了原貌。但自藏经洞被发现后，随即吸引来许多西方的考古学家和探险者，他们以极低廉的价格从王圆箓处获得了大量珍贵典籍和壁画，严重破坏了莫高窟和敦煌艺术的完整性。

在莫高窟中，九层楼是莫高窟的第一大窟，弥勒佛像高33米，是全国之冠。三层楼则是为数不多的"窟中窟"，主室面积最大，四壁壁画为重层，表层为西夏时所绘绿底千佛。而藏经洞则因发现大量珍贵文物而闻名于世。

莫高窟的价值不仅在于它的艺术与历史价值，更在于它所承载的华夏文化和精神传承。这里积攒了千年的华夏文明，诉说着古人的信仰、追求与智慧。

嘉峪关

　　嘉峪关位于甘肃省嘉峪关市，地处一处狭窄的山谷中央。其城关两侧的城墙横穿沙漠戈壁，北连黑山悬壁长城，南接天下第一墩，是明长城最西端的关口，历史上曾被称为"河西咽喉"。嘉峪关因地势险要，建筑雄伟，有"连陲锁钥"之称，是古代丝绸之路的交通要塞，被誉为中国长城三大奇观之一。

　　嘉峪关始建于明洪武五年（1372年），由内城、外城、罗城、瓮城、城壕和南北两翼长城组成，全长约60千米。长城城台、墩台、堡城星罗棋布，由内城、外城、城壕三道防线组成重叠并守之势，形成"五里一燧，十里一墩，三十里一堡，百里一城"的防御体系。

　　嘉峪关初建时，是一座6米高的土城，占地2500平方米。现存的关城总面积约3.35万平方米，由外城、内城和瓮城组合而成。嘉峪关内城墙上建有箭楼、敌楼、角楼、阁楼、闸门等共14座，关城内建有游击将军府、井亭、文昌阁，东门外建有关帝庙、牌楼、戏楼等。

麦积山石窟

　　麦积山石窟位于甘肃省天水市，地处秦岭山脉西端的山麓北侧，是我国四大石窟之一。从外观来看，麦积山石窟的形状很像农村堆砌的麦垛，故而得名麦积山石窟。

　　根据史书记载，麦积山石窟始建于后秦时期，历经北魏、西魏、北周、隋、唐、五代、宋、元、明、清等十余个王朝，在千年间不断开凿扩建，规模逐渐壮大。

　　麦积山石窟中保存的造像以泥塑为主，共有7800多尊造像，全面展示了古代泥塑发展演变的过程。如北魏前期的魁伟雄健、北魏后期的秀骨清像、西魏的俊秀清朗、北周的珠圆玉润、隋唐的饱满圆润、两宋的写实求变等，麦积山石窟中的泥塑造像是研究雕塑史、美术史

的重要资料，麦积山石窟也因此有"东方雕塑陈列馆"的美誉。

麦积山石窟内外散布着许多的仿木结构建筑。东面山崖的石窟中最为著名的是涅槃窟、千佛廊和散花楼上的七佛阁。涅槃窟窟口前立着四根石柱，每根石柱的柱头都有莲花花瓣形的浮雕，柱顶无斗拱，雕刻着"火焰宝珠"的浮雕，设计构思极其巧妙。千佛廊长32米，崖壁上分两层整齐地排列着258尊石胎泥塑的神像，神情各异，栩栩如生。

西崖聚集着万佛堂、天堂洞等最有价值的洞窟。万佛堂俗称碑洞，进门迎面是一尊近4米高的接引佛，双目微合，双手作接引之姿。窟龛中有许多制作精巧的弥勒雕塑。天堂洞是两崖上最高的石窟，窟内多为大型的石刻造像，中间一尊造像高近2米，左右两尊，高1.3米，每尊像均有2吨到3吨重。古人通过开山造像的做法来积攒功德，通过对佛、菩萨、飞天等形象的塑造，反映了他们对美好生活的向往之情。

三家山遗址

三家山遗址位于甘肃省兰州市，是一处马家窑文化半山类型和齐家文化共存的遗址。其占地面积约为6万平方米，埋藏在地下0.2米至2米之间。

在考古学家的挖掘和采探中，出土了大量的陶器碎片，这些碎片主要属于马家窑文化半山类型和齐家文化，既有泥质红陶和夹砂红、灰陶片，也有彩陶片。彩陶外观上有网格纹、锯齿纹等图案，器物的形状有罐、钵、盆、瓮、双耳罐等。同时，也发现了属于齐家文化的夹砂陶饰篮纹、附加堆纹的陶器碎片，器形有罐、盘等。

三家山遗址的保存状况相对较好，这为考古学家提供了珍贵的研究材料。该遗址的考古挖掘对研究黄河流域的古文化具有极为重要的价值。它的发现和挖掘不仅有助于深入了解马家窑文化和齐家文化的特点和发展状况，同时也为研究黄河流域古代文明提供了重要的历史见证。

庄严寺

庄严寺位于甘肃省兰州市，始建于唐代。传说，庄严寺是隋末金城校尉西秦霸王薛举的故宅。617年，薛举谋反，在兰州称帝，将庄严寺作为他的皇宫。唐朝出兵平定薛举后，将庄严寺改为佛寺。

庄严寺由山门、厢房及前殿、正殿、后殿等三处院落构成。寺院虽小，其塑像、书法、壁画却在当地颇有名气，堪称"三绝"。庄严寺正殿中矗立着一座大佛塑像，体态匀称生动，衣纹细腻逼真。山门处的匾额写着"敕大庄严禅院"六个大字，为元代著名书法家李浦光所书。正殿的后壁绘有观音壁画，观音仪态端庄优美，极具艺术价值。

第四章　宁夏篇

董　府

董府，位于宁夏回族自治区青铜峡市，占地约1.4万平方米，是清末著名将领、甘肃全省总提督董福祥的府邸，因董福祥曾官加"太子少保"衔，又称"宫保府"。

董府建造于清光绪三十一年（1905年），这座府邸的背后是将领董福祥的戎马一生。1875年，董福祥追随左宗棠收复新疆，在数次战役中立下汗马功劳，并在战争结束后戍守西域边疆数十年。义和团运动时期，董福祥奉旨入京，官至武卫后军统领，深受慈禧太后喜爱。1900年，八国联军攻打北京，董福祥亲率军队抵御八国联军，杀死日本外交官和德国公使，领兵围攻外国使馆。北京沦陷后，董福祥为保

驾慈禧太后和光绪皇帝，随驾出逃前往西安，途中又被封为"随扈大臣"，手握满汉兵权。后北京与列强议和时，列强坚持要杀董福祥，慈禧太后力保方才免他死罪，令他罢职返乡。回乡后，董福祥带着朝廷赐银四千两及亲丁三千人，在金积堡买下一片湖塘，建造这座"宫保府"，历时三年建成。

　　建成时，董府整体由内寨、外寨、护府河和主体建筑群落四部分组成，现仅存内寨和主体建筑。寨内有三宅六院，连为一体。整体建筑东西长58米，南北宽70米，共有116间房屋，建筑格调模仿宫廷之状，以中院为中轴线左右对称，形成三组双四合院，因此在人们口中留有"三宫六院"之说。院内的照壁前矗立一着座石碑。绕过石碑，南、中、北三院都采用了二进门庭，虽各为独立，却又紧密相连，这几间别院构成了董府内寨的建筑群。

建造时，工匠在建筑物上运用了雕刻、彩绘等手法，又以碑匾、书画、楹联、棂格等点缀装饰。所有雕刻绘画，都以"福""禄""寿"为题，或龙凤、或虎狮、或寿老、或嬉童、或松竹、或牡丹，其图形、格调、顺序、排列，都有一定的规律。三宅六院，148间房屋的大梁、行条、立柱的长短、直径都完全一致，并且统一材质、形状与规格，整齐划一，美轮美奂。

鸽子山遗址

鸽子山遗址，位于宁夏回族自治区青铜峡市，地处贺兰山脉前的鸽子山盆地。该遗址是一处旧石器时代末期向新石器时代过渡的古人类文化遗址，遗址年代距今1.16万至1万年。

鸽子山遗址发现于20世纪80年代。在长达二十多年的勘探研究中，考古学家们发现了距今4800年、1万年和1.2万年三个文化时期的遗址，出土了上万件旧石器时期的文物。这些文物包括尖状器、磨食器等用石头制成的生产工具和动植物的标本，其中石器用料丰富，有石英岩、玛瑙、燧石、细泥岩、水晶等，加工方式也较为先进，普遍使用间接、软锤及压剥法。这些器具的发现充分证明了远古人类制造技术和生产方式的进步。

水洞沟遗址

　　水洞沟遗址位于宁夏回族自治区灵武市，是中国发掘最早的旧石器时代文化的遗址之一。水洞沟遗址记录了远古人类繁衍生息、与大自然搏斗的历史，蕴藏着丰富而珍贵的史前资料，展示了距今四万年前古人类的生存画卷。

　　水洞沟遗址是我国旧石器时代文化的宝库之一。这里出土了大量石器和动物化石，是迄今为止我国在黄河地区经过正式发掘的旧石器时代遗址。

　　水洞沟地处鄂尔多斯台地南缘，这里的魔鬼城、卧驼岭、摩天崖、断云谷、柽柳沟等二十多处土林奇绝景观，展现了千万年的风沙雕蚀力量。这里的地貌独特，是自然景观和人文景观的完美结合，吸引了无数游客前来观赏。

西夏王陵

　　西夏王陵，又被称为西夏帝陵或西夏皇陵，坐落于宁夏回族自治区银川市西侧，是西夏历代帝王的陵墓所在地。这片古老的陵园，是中国现存规模最大、地面遗址保存最完整的帝王陵园之一，同时也是一处独特的西夏文化遗址，被誉为"神秘的奇迹"。

　　西夏王陵见证了西夏王朝的兴起与衰落。这片陵园承接了北魏西夏的历史，同时吸收了自秦汉以来唐宋皇陵之所长，又受佛教建筑影响，将汉族文化、佛教文化与党项民族文化有机地结合在一起，构成中国陵园建筑中别具一格的形式。

　　西夏是11世纪初以党项羌族为主体建立的封建王朝。自1038年李元昊在兴庆府称帝建国，于1227年被蒙古所灭，在历史上存在了189年，经历10代皇帝。最鼎盛时期包括今宁夏、甘肃大部，内蒙古西部、陕西北部、青海东部、新疆东部及蒙古国南部的广大地区。前期

与北宋、辽平分秋色，中后期与南宋、金鼎足而立，被人形容是"三分天下居其一，雄踞西北两百年"。

西夏王陵规模宏伟，布局严整。现存9座帝陵，每座帝陵由阙台、神墙、碑亭、角楼、月城、内城、献殿、灵台等部分组成，坐北向南，每个陵园均是一个完整的建筑群体。平面总体布局呈纵向长方形，按照中国传统的以南北中线为轴，力求左右对称的格式排列。

在西夏王陵中，陵塔是陵园的主体建筑，原为圆形密檐塔，塔身用黄土夯筑。初建时每个陵园均有地下陵寝、墓室、地面建筑和园林，独立占地都在10万平方米左右，形制与布局大体相同。碑亭位于其后，这里曾放着用西夏文、汉文刻制的歌颂帝王功绩的石碑。碑亭

后是月城，这里曾置有文官、武将的石刻雕像。月城之北是陵城，陵城南神墙居中有门阙，为塔式建筑，八角形，上下各分为五级、七级、九级不等，外部用砖包砌并附有出檐，为砖木瓦结构。

　　值得一提的是，在西夏王陵中，陵台是陵园中的主体建筑。在中国古代传统陵园建筑中，陵台一般为土冢，起封土的作用，位于墓室之上。但西夏王陵的陵台却打破常规。陵台前有献殿，用于供奉献物及祭奠。西夏王陵墓道的入口设置在献殿内部，这也是帝王陵寝中绝无仅有的。

兴武营古城

兴武营古城，位于宁夏回族自治区盐池县。根据历史记载，这里原为废城。正统九年（1444年）都御史金濂在旧城的基础上，重新建筑此城。

兴武营古城的南北两端均与明长城相融合，是长城沿线的重要城障，有"灵夏重地，平庆要藩"之称。

兴武营古城的形状呈矩形，其规模宏大，东西南北四面城墙的长度各不相同，东墙610米，西墙580米，南墙470米，北墙480米，全部采用黄土夯筑而成。城墙之上，还筑有腰墩，这是古代军事防御设

施的一种，用于观察敌情和射击。城中原有一座鼓楼，鼓楼是古代城市中重要的公共建筑，用于报时和警戒。然而，现在鼓楼已不复存在，仅留下一座夯筑的土台。这座土台台基呈正方形，边长14

米，残高7米。土台上还保留有砖拱的四通门洞，门洞残高约4米，仿佛在诉说着古城曾经的辉煌。

须弥山石窟

须弥山石窟，位于宁夏回族自治区固原市，地处城西北六盘山北垂须弥山上，是中国十大石窟之一，被誉为"宁夏敦煌"。

须弥山石窟始凿于北魏孝文帝太和年间，历经西魏、北周、隋唐各代大规模营造及宋、元、明、清各代的修葺，成古代固原规模最大的一处佛寺禅院。现存洞窟162座，分布在由南往北自然形成的八个区域，即大佛楼区、子孙宫区、圆光寺区、相国寺区、桃花洞区、松树洼区、三个窑区和黑石沟区。保存较为完好的造像有500余躯，汉

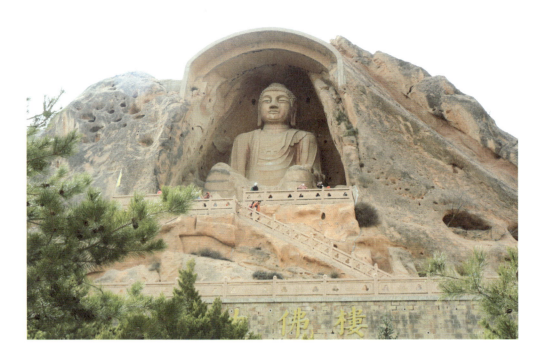

藏文题刻题记53则，碑刻3方，残碑13块，壁画20余平方米，总占地面积6平方千米。

　　须弥山石窟的造像与壁画都保留着鲜明的时代特征。佛教人物造像风格独特，既有浮雕，又有高浮雕。彩绘壁画和佛教传说故事充满了浓厚的生活气息。同时，须弥山石窟还处于石窟造像泥塑与石刻的过渡带，具有较高的艺术价值。

一百零八塔

一百零八塔，位于宁夏回族自治区吴忠青铜峡市，是始建于西夏时期的喇嘛式实心塔群，也是中国现存最大且排列最整齐的喇嘛塔群之一。

塔群坐西面东，依山临水，总面积6980平方米。过去人们多认为一百零八塔是元代所建，然而，从历次修缮出土的西夏文帛画、彩塑和彩绘图案、题记等遗迹推测，该塔可能是西夏的遗构，经元、明、清多代修葺而成。

一百零八塔随山势凿石分阶而建，共有阶梯式护坡平台12级，由下至上一层层逐渐收缩并抬高，整体形状呈等腰三角形。塔群中最上面一座形体较大，高5米，塔基呈方形，为过洞式喇嘛塔。第2至12层高2.5—3米，均为实心喇嘛塔。塔座平面有八角或"亚"字形的须弥座，上建塔身，刹顶施相轮伞盖宝珠。

民间相传，一百零八塔是北宋百姓为了纪念当年穆桂英的"点将台"所建，是佛教的纪念塔。佛教把人生烦恼归结为108种，为清除烦恼，要贯珠108颗，念佛诵经108遍，晓钟108响。因此建筑一百零八塔意为"消除烦恼"。

一百零八塔是国内外罕见的群塔建筑，但由于自然侵蚀和人为破

坏，塔群护墙倒塌，塔刹残毁，塔身松散坍裂，塔座被堆积物覆盖。为了根除塔群的隐患，恢复其本来面目，国家文物局在1987年组织力量对塔群进行修复。修复工程现已完成，一百零八塔也终于重现了往日容貌。

海宝塔寺

海宝塔寺，位于宁夏回族自治区银川市，原名"海宝禅院"，是宁夏地区始建年代最古老的佛教建筑，被誉为"赫宝塔"。

关于海宝塔的始建年代，历史上并没有明确的记载。一说，海宝塔可能是魏晋时代所建，但并无明确定论。

海宝塔寺坐西向东，寺内主要殿宇有山门、接引佛殿、大佛殿、韦陀殿、卧佛殿等，都在一条东西向的中轴线上。正门是三间歇山殿堂式山门，门楣匾额上写着"海宝塔寺"四个大字。进入山门后，映入眼帘的是天王殿和大雄宝殿，

它们与南北侧厢房共同组成一个天井院落，构成了寺院前院。这里是海宝塔寺进行佛教活动的主要场所。

寺内的主体建筑是高耸在大佛殿和韦驮殿之中的海宝塔。又名"黑宝塔"，民间俗称"北塔"。海宝塔是一座方形九层十一级楼阁式砖塔，高53.9米。塔身平面呈方形，四壁出轩，每层四面设券门，均向外略有突出，构成鲜明的十二角形。这种建筑风格独特，方形的塔身、四面的券门、众多的棱角和四角的尖顶，在中国古塔中并不多见。因此，海宝塔被视为中国古代建筑的杰作。

由于地震，海宝塔曾多次被毁坏，但也多次得到重修。现存的十一层海宝塔是在乾隆年间重建的。重建时少修了两层，并改为木梯，从塔室内盘旋登临达顶。这种设计使人们在欣赏古塔的同时也能体验到登临的乐趣。

第五章　内蒙古篇

阿斯哈图石林

阿斯哈图石林，位于赤峰市克什克腾旗，在蒙语中意为"险峻的岩石"。这座石林处于大兴安岭余脉与西部草原的过渡地带，周围地势险峻，山顶平缓起伏，在这样的环境中，冰石林显得尤为突出。

经过专家分析，阿斯哈图石林是在冰盖冰川的侵蚀和融化过程中由大量冰川融水的冲刷形成的。因此，这里被形象地称为"冰川石林"。第四纪冰川的长期作用，赋予了阿斯哈图冰石林独特而神秘的自然风貌，有华山之险峻、黄山之秀丽和泰山之雄奇。这里的山峦连绵起伏，峰峦各异，每一座山、每一个峰都有其独特的特色。

阿斯哈图冰石林风光秀丽，景色迷人，是世界罕见的"冰石林"。这里的石林发育类型多样，千

姿百态，有的如石柱、石丛、石笋，有的似石塔、石墙，还有的如秀女望月、比萨斜塔。这些石林的形态多变，很少有雷同之处，且粗犷浑厚，在荒野中独立而立，十分醒目。当地居民根据这些石林的形状为其命名，如成吉思汗拴马柱、神剑石、南天门、神女石、姐妹石等。

　　阿斯哈图石林不仅是一处壮丽的自然景观，也是研究古气候、古生态的重要历史资料。它见证了地球的气候变迁和大自然的鬼斧神工，同时也为人们提供了一个探索自然奥秘和历史文化的宝贵场所。

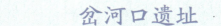

岔河口遗址

　　岔河口遗址位于内蒙古自治区呼和浩特市清水河县的浑河与黄河交汇处，是一处坐落在台地顶端的古代遗址。

　　该遗址的中心区域被一个圆形的壕沟环绕，面积接近6万平方米，呈现出独特的环形布局。壕沟的东北、东南和南面都有出入口。

　　遗址内发现了许多仰韶文化不同阶段的遗迹，包括成排的房址、

灰坑、墓葬和大量的陶器。这些发现表明，在大约6000年至4500年前的黄河两岸地区存在着许多酋邦和部落，而岔河口遗址很可能就位于这些部落的中心。

　　考古学家在遗址中发掘出了数百座半地穴式房屋遗址，这些房屋的排列显示出严格的等级制度。在海拔1060米的高地上，有一座130平方米的大房子，其下是30平方米至40平方米的中型房子，而最下方则是20多平方米的小房子。这种布局表明，当时的社会内部已经出现了明显的等级分化和贫富不均的现象。

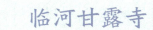

临河甘露寺

　　临河甘露寺，位于内蒙古巴彦淖尔市，是内蒙古西部地区最大的汉传佛教寺院。

　　临河甘露寺始建于民国，由寂成和尚（俗名裴金维）所创建。1929年春，寂成和尚遵从师父教诲，立志返乡建寺安僧，弘法办道。在家乡的胡杨树下休息时，他偶遇蛇盘兔，传说"蛇盘兔，必定富"，寓

意此处为吉祥之地。他深感因缘殊胜，当即用茇茇草打结做记号，次日在此地搭建茅棚三间，供奉观音菩萨像，取名观音茅蓬。因僧人常年吃素，故俗称"常素庙"。

1934年，在久旱之后，寂成和尚应村民请求祈雨，三日诵经后，天降甘露，寺庙因此更名为"甘露寺"。寂成和尚后来前往印度取经，妙鼎和尚接任了第二代住持，并主持了寺庙的修缮工作。

临河甘露寺的建筑布局严格遵循佛教传统，寺门朝南，中轴线上依次是四进正殿。第一进为三门殿，门楣上"甘露寺"三字由刘炳森先生书写。第二进是圆通宝殿，供奉千手千眼观世音菩萨。第三进为大雄宝殿，砖木结构，殿内供奉释迦牟尼等三尊大佛像。第四进为万佛楼，三层结构，分别用作艺术馆、万佛楼和法堂。

临河甘露寺环境优美，花草繁茂，树木成荫。在妙闻法师的管理下，寺庙成为僧侣和信众的归宿。如今已成为内蒙古西部地区一处庄严壮观、景色秀美的汉传佛教圣地。

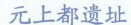

元上都遗址

元上都遗址，位于内蒙古自治区锡林郭勒盟，始建于蒙古宪宗六年（1256年），总占地面积达250平方千米，是中国历史政权元王朝的首都遗址、蒙元文化的发祥地，蒙元王朝政治、经济、文化、宗教及对外交往中心。

元上都遗址由宫城、皇城、外城、关厢、寺庙、墓群和水利工程等遗迹组成，以宫殿为中心，呈分层、放射状分布。这种规划既有以土木为主的宫殿、庙宇建筑群，又有游牧民族传统的蒙古包式建筑，是农耕文明与游牧文明融合的产物，也是古代城市规划与生态文明建设的突出代表。

外城位于皇城西、北两面，呈正方形，总占地面积约2.88平方千米。外城北部为皇家园林御苑，南部街道纵横交错。皇城平面呈正方形，总占地面积约1.64平方千米，内有"四横三纵"共7条主要街道，建筑遗迹分布疏散。外城的东北角和西北角分别为大龙光华严寺和大乾元寺两座佛教寺院，东南部有孔庙，东南隅有道观、翰林院等遗址。

宫城平面呈长方形，东西宽570米，南北长620米，总占地面积约0.35平方千米。主要有大安阁、穆清阁、水晶殿、香殿、宣文阁、仁春阁等30余处院落遗址。宫城四面均存有高度不同的夯土墙体，东墙

长 605 米，南墙长 542.5 米，西墙长 605.5 米，北墙长 542 米。残墙最高 5 米，墙基宽 10 米，顶宽 5 米。中间为黄土夯筑，内外两侧包砌青砖，底部垫有石条或片岩作基础。置有东、西、南 3 座城门城墙，外侧挖有闭合壕沟。

　　元上都遗址融合了蒙古文化和华夏文明，记录了人类历史上重要的文明阶段。保存良好的宫城、皇城、外城城墙与整齐对称的街巷、错落有致的建筑遗迹和自然生态良好的草原，共同构成了元上都这座大型古代都城遗址。其重要的历史、文化、科学和艺术价值，是中华文明和游牧文明交融进程中的里程碑。

第六章　陕西篇

大明宫

大明宫，位于陕西省西安市，是唐代长安城的重要皇宫，也是中国古代宫殿建筑的杰出代表之一。它气势恢宏，展现了中国古代皇宫建筑的雄伟与精致。

大明宫的建造始于唐太宗贞观八年（634年），起初作为夏宫而存在，后由唐高宗李治于龙朔二年（662年）进行大规模扩建，使其成为唐朝的新皇宫。大明宫与唐朝的兴盛密切相关，它是唐朝政治、文化和经济中心的象征，见证了唐朝的辉煌与繁荣。

大明宫展现了唐代建筑的雄伟与精致。宫殿的布局严谨对称，主体建筑沿着南北中轴线布局，层层递进，气势磅礴。宫殿的屋顶采用重檐庑殿顶，庄重而华丽。同时，大明宫还注重细节装饰，殿内雕刻

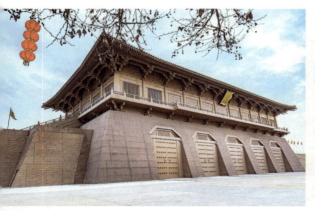

精美的花鸟、人物，使整个宫殿更加生动和富有艺术感。

　　大明宫的建筑规模宏大，包括前朝和内庭两部分。前朝以朝会为主，是皇帝举行大典、接见外国使臣和举行朝议的地方。内庭则以居住和宴游为主，是皇后、嫔妃和宫女的居住之地。宫殿内还设有御花园，种植着各种名贵花卉，为皇宫增添了一抹自然之美。

　　大明宫还承载着丰富的历史文化内涵。它是唐朝皇帝处理政务、举行大典和宴会的场所，也是文人墨客吟诗作画的灵感之源。大明宫见证了唐朝的兴衰历程，是中国古代历史的重要见证之一。

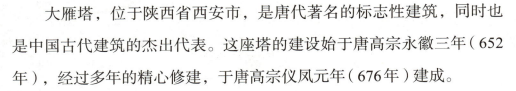

大雁塔

　　大雁塔，位于陕西省西安市，是唐代著名的标志性建筑，同时也是中国古代建筑的杰出代表。这座塔的建设始于唐高宗永徽三年（652年），经过多年的精心修建，于唐高宗仪凤元年（676年）建成。

　　大雁塔与佛教文化有着深厚的渊源。唐永徽三年（652年），玄奘法师为了供奉从天竺带回的佛像、舍利和梵文经典，决定在长安慈恩寺的西塔院建造一座五层砖塔。与众不同的是，大雁塔是因寺而建，而非先有塔后建寺。北魏道武帝时期，这里曾建有净觉寺，但后来被毁。隋文帝在净觉寺的旧址上修建的无漏寺，最终也未能保存下来。直到唐贞观二十二年（648年），太子李治为追思其母文德皇后，欲为其祈求冥福，决定重建寺庙，并邀请高僧玄奘担任上座法师。玄奘法师在这里创立了大乘佛教法相宗，使慈恩寺成为大乘佛教的圣地。大雁塔作为慈恩寺的一部分，也因此得名。

　　大雁塔的建筑特色独具魅力。它采用砖仿木结构的四方形楼阁式设计，由塔基、塔身和塔刹三个部分组成。全塔高达64.7米，塔基高4.2米，底部边长25.5米，呈方锥形。塔身共七层，每层的高度和宽度都有所不同，但每层四面都设有门洞。此外，塔的内部结构也非常精巧，楼梯盘旋而上，直达塔顶。大雁塔的设计展现了中国古代建筑的

卓越技艺和审美观念。它不仅高耸入云，给人以庄重之感，而且每一层都有檐角和悬挂的风铃，风铃随着微风轻轻摇曳，发出悦耳的声音。这样的设计既考虑了实用性，又兼顾了审美需求。

作为中国古代建筑的杰出代表之一，大雁塔不仅展现了古代工匠的高超技艺和审美观念，更承载着丰富的历史文化内涵。它见证了唐代佛教的兴盛、文化的繁荣以及古丝绸之路的辉煌，是中华民族文化的瑰宝。

法门寺

　　法门寺，位于陕西省宝鸡市，是中国著名的佛教寺庙之一，也是中国古代建筑的杰出代表之一。这座寺庙始建于东汉时期，历经多个朝代的修缮和扩建，形成了如今这座宏伟壮观的建筑群。

　　据史书记载，东汉明帝时，印度高僧摄摩腾、竺法兰来到中国传播佛教，并在长安城内修建了白马寺，这是中国最早的佛教寺庙。随着佛教的传播，信徒们在全国各地修建了越来越多的寺庙，法门寺就是其中之一。唐朝时，法门寺成为皇家寺庙之一，备受推崇，吸引了众多高僧前来修行和讲经。

　　法门寺占地面积广阔，布局严谨，中轴线对称，层次分明。寺庙的山门为重檐歇山顶，气势恢宏。大雄宝殿是寺庙的主要建筑之一，采用抬梁式木结构，斗拱飞檐，技艺

精湛。殿内供奉着释迦牟尼佛像，庄严肃穆。此外，法门寺还拥有许多精美的佛像和壁画，这些都是中国古代艺术的瑰宝。

　　法门寺的建筑风格还注重与自然环境的和谐相融。寺庙四周绿树成荫，环境幽静，与寺庙内的建筑形成了一幅美丽的画卷。寺庙内还有许多古井和古树，其中最著名的是"无忧树"。相传"无忧树"是唐太宗李世民亲手种植的，已有千年的历史。这些都是历史的见证者。

丰图义仓

丰图义仓，位于陕西省渭南市，是中国古代的著名粮仓之一，也是中国古代建筑的杰出代表之一。这座粮仓的建设始于清朝光绪年间，由东阁大学士阎敬铭倡议修建，历时三年完成。

清朝晚期，中国社会动荡不安，粮食生产受到严重影响。为了保障国家的粮食安全，清朝政府采取了一系列措施，其中之一就是在全国各地修建大型粮仓。丰图义仓就在这样的背景下应运而生。

粮仓采用砖木结构，外观呈长方形，整体建筑坐北朝南，东西长约130米，南北宽约80米，占地面积约为1万平方米。粮仓的墙体采用青砖砌成，坚固耐用，高度约10米。内部为仓房和库房，可容纳

　　大量粮食。丰图义仓的建筑风格简洁大方，没有过多的装饰，却显得庄重而典雅。

　　除了建筑特色外，丰图义仓还承载着丰富的历史文化内涵。它是中国古代粮仓建筑的代表之一，对于研究中国古代建筑和粮食储备制度具有重要的意义。

高家堡古长城遗址

　　高家堡古长城遗址，位于陕西省榆林市，是中国古代的著名军事防御工程之一，也是中国古代建筑的杰出代表之一。该遗址始建于明朝，历经数百年的风雨侵蚀和人为破坏，至今仍保留着相当完整的城墙和烽火台等建筑。

　　该遗址的建设与明朝时的边疆安全问题密切相关。明朝时，为了防御北方游牧民族的侵扰，明朝政府决定修建长城。高家堡古长城遗址就是在这个背景下应运而生。这座长城的建设历时数十年，投入了大量的人力物力，是明朝边疆防御的重要一环。

　　高家堡古长城采用黄土夯筑而成，城墙高大厚实，有些地段的城墙高度10米以上。城墙的外侧有深沟，可以有效地防止敌人攀爬。城墙每隔一段距离就有一座烽火台，那是守城士兵传递信息的场所。这些烽火台采用石块和黄土混合建造，内部有阶梯和房间，可供士兵居住和储存物资。

　　高家堡古长城遗址是中国古代军事防御建筑的代表之一，对于研究中国古代军事史和建筑史具有重要的意义。同时，高家堡古长城遗址也是中国民族融合的重要见证之一，展现了汉族与北方游牧民族之间的交流与融合。

壶口瀑布

　　壶口瀑布，位于陕西省西安市宜川县和山西省临汾市吉县交界处的黄河干流上，是中国著名的瀑布景观之一。

　　明朝时黄河的河道较为平缓，壶口瀑布尚未形成。随着时间的推移，黄河的河道逐渐变迁，水流变得更加湍急。到了清朝时，壶口瀑布已经初具规模。为了防止壶口瀑布的水流对河岸的冲刷和破坏，人们开始在壶口瀑布周围修建堤坝和水闸等水利设施，对其进行保护和控制。历经数百年的发展和保护，如今壶口瀑布已经成了一个集自然风光、人文景观和旅游体验于一体的胜地。

　　壶口瀑布展现了大自然的鬼斧神工和黄河的磅礴之势。其高度虽然只有几十米，但是其宽度达到了近千米。壶口瀑布的水流湍急，冲击力极强，形成了壮观的瀑布景观。壶口瀑布周围还有许多奇特的地貌和景点，如龙洞、石槽等，这些都是大自然经过数百万年的地质演变形成的。

　　壶口瀑布景致奇特，这里有八大奇观，分别为：水底冒烟、旱地行船、霓虹戏水、山飞海立、晴空洒雨、旱天惊雷、冰峰倒挂、十里龙槽。

　　"水底冒烟"是壶口瀑布在特定季节和天气条件下才会出现的一种奇观。由于瀑布的强烈冲击力，水珠在飞溅中升腾，形成一片白色的水雾，仿佛水底冒烟，蔚为壮观。"旱地行船"是指在壶口瀑布下游，由于河床平缓，水流减慢，人们可以在这里驾驶着木船航行。"霓虹戏水"是指在阳光的照射下，壶口瀑布的水流折射出五彩斑斓的光线，宛如一道美丽的彩虹。"山飞海立"是指壶口瀑布的水流从高处倾泻而下，如同山海般壮观。特别是雨季时，水流汹涌澎湃，形成一片白色的水幕，给人以震撼的视觉体验。"晴空洒雨"是指站在壶口瀑布的观景台上，游客可以感受到水雾飘散而来，仿佛细雨洒落在身上。"旱天惊雷"是指壶口瀑布的水流冲击声震耳欲聋，如同雷鸣般响彻云霄。游客可以在观景台欣赏到这一震撼的自然音响奇观。"冰峰倒挂"是指冬季的壶口瀑布会结为一片冰瀑，冰柱悬挂在崖壁上，仿佛一座座倒挂的冰峰。"十里龙槽"是指壶口瀑布的龙槽全长约十里，龙槽两边崖壁陡峭，河水奔流其中，形成的独特的峡谷风光。

黄帝陵

　　黄帝陵，位于陕西省延安市，是《史记》中记载的轩辕黄帝的陵墓。

　　黄帝陵古称"桥陵"，是历代帝王和名人祭祀黄帝的场所。历史上最早举行的黄帝祭祀始于秦灵公三年（前422年），秦灵公"作吴阳上畤，专祭黄帝"。自汉武帝元封元年（前110年）亲率十八万大军祭祀黄帝陵以来，桥山一直是历代王朝举行国家大祭之地，保存着汉代至今的各类文物。陵前的"黄帝手植柏"距今五千余年，相传为黄帝亲手所植，是世界上最古老的柏树。

　　黄帝陵的内部构造主要包括主体建筑和祭祀区。

主体建筑是整个陵园的核心，采用中国古代建筑风格，显得庄重而神圣。主要建筑包括祭祀大殿、碑亭、配殿等。祭祀大殿是黄帝陵最主要的建筑之一，殿内供奉着黄帝的塑像，神态庄严。大殿四周的墙壁上，还有描绘黄帝生平事迹的壁画，生动地展现了黄帝的伟大贡献和中华民族的起源。

祭祀区是供人们举行祭祀活动的地方，位于主体建筑的后方。这里有一座高约10米的圆形墓冢，墓冢四周是用石条砌成的台阶，共36级，象征着黄帝在位36年。墓冢前方有一座石碑，上面刻有"黄帝之墓"四个大字。在石碑周围，还有几座石碑，上面刻有历代皇帝的御笔题词和历代名人贤士的诗赋。

乾坤湾

　　乾坤湾景区位于陕西省延安市，与众多古代长城墩台，一起构成了中原的屏障。

　　相传远古时，太昊伏羲氏在这里"仰则观象于天，俯则观法于地，观鸟兽之文与地之宜，近取诸身，远取诸物，于是始作八卦，以通神明之德，以类万物之情"。

　　乾坤湾有许多古代建筑和遗址，如古老的庙宇、石窟、碑刻等，这些都是中华民族历史和文化的重要组成部分。其中最著名的是乾坤亭，它是乾坤湾内最重要的建筑之一。乾坤亭采用传统的中式建筑风格，以木结构为主，屋顶覆盖着黄色的琉璃瓦，显得庄重而神圣。在亭内供奉着伏羲氏的塑像，神态庄严。

　　细看乾坤亭，地下是用大石铺成的阴阳太极图，和山下的乾坤湾相对应。亭柱上刻着两行大字："天地造化乾坤湾，羲皇推演太极图。"透过乾坤亭，极目远望，眼前山峦起伏，沟壑纵横，黄河犹如一条巨龙在黄土高原丘陵沟壑间奔腾不息。

秦兵马俑坑

秦兵马俑坑，位于陕西省西安市，是世界闻名的古代陶俑博物馆，也是中华文明的重要象征。

秦兵马俑的发掘始于20世纪70年代，是当地农民在打井时偶然发现的。考古人员深入发掘后，发现了这一巨大的地下军团。据考证，这些兵马俑是秦始皇帝陵的一部分，建造时间大约在公元前3世纪。

在建筑构造上，秦兵马俑展现了古代中国人民的卓越智慧和非凡技艺。整个兵马俑坑按照军队的实战阵列布局，包括士兵、将领、战车和马匹等，生动地再现了

秦朝的军事编制和战斗风貌。兵马俑的制作工艺极为精细，每一个俑像都是手工塑造，面部表情、衣纹细节都栩栩如生，仿佛真实的战士就在眼前。

秦兵马俑的特点不仅在于其规模宏大、制作精良，更在于其背后所蕴含的深厚历史。它们是中国第一个统一的中央集权国家——秦朝的缩影，反映了当时的社会制度、军事组织、艺术风格和审美观念。兵马俑的发现，为我们提供了宝贵的实物资料，使我们能够更加真实地感受到那个时代的风貌。

潼关古城

潼关古城，位于陕西省渭南市，是古代关中地区的东大门，也是中国历史上的重要军事要塞和交通枢纽。这座古城以其悠久的历史、独特的建筑风格和重要的战略地位而闻名于世。

潼关古城历史悠久，最早可追溯至春秋战国时期。作为古代长安与洛阳之间的重要关口，它经历了数千年的战争与和平，见证了无数英雄豪杰的崛起与陨落。在历史的长河中，潼关古城逐渐发展成为一座集军事、政治、经济和文化于一体的繁华城市。

潼关古城的特点在于其重要的战略地位和交通枢纽的作用。这里地势险要，山峦叠嶂，黄河、渭河、洛河三河于此交汇，是控制中原与西北地区交通的咽喉要道。在古代战争中，谁掌握了潼关，谁就掌握了主动权。因此，这座古城在历史上一直是兵家必争之地。

在建筑构造上，潼关古城展现了古代中国人民的智慧和技艺。城池布局严谨，城墙高大坚固，城楼巍峨壮观。城内的街道呈棋盘状分布，房屋错落有致，庙宇、官署、民居等建筑风格各异。其中最著名的建筑是镇关铁牛和卧关铁狮，它们是古城的象征，也是中国古代雕塑艺术的瑰宝。

第七章 山西篇

平遥古城

　　平遥古城，位于山西省中部的晋中市平遥县，是中国境内现存最为完整的一座古代县城。这座城始建于西周宣王时期，经过多个朝代的修缮与扩建，至明代洪武三年（1370年）达到现今的规模。

　　这座古城的由来与中华民族悠久的历史紧密相连，它见证了数千年的沧桑变迁。平遥古城不仅是一座城，更是一部活着的历史，一幅生动的文化长卷。

　　平遥古城以市楼为中心，以南大街为轴线，形成了独特的对称布局。城内街道格局形如"土"字，四大街、八小巷、七十二条蚰蜒巷

构成了八卦图案，体现了古人在城市规划上的智慧。此外，城墙、店铺、寺庙、民居等建筑共同构成了一个庞大的建筑群，展示了中国建筑风格和城市规划的演变。

平遥古城的建筑风格独特，既有北方建筑的粗犷大气，又有江南水乡的细腻韵味。这里的每一砖每一瓦都透露出历史的厚重感，每一条街道每一座民居都诉说着古老的故事。

这座古城不仅是中国汉民族城市在明清时期的杰出范例，更是世界文化遗产的瑰宝。它以其丰富的文化内涵、独特的建筑风格和深厚的历史底蕴，吸引着来自世界各地的游客。在平遥古城，你可以穿越时空，感受古代中国的繁华与韵味。

平遥镇国寺

平遥镇国寺，位于山西省平遥县，始建于五代时期。初名"京城寺"，明嘉靖时改称"镇国寺"，沿用至今。

关于镇国寺的由来，有一个流传久远的故事。据传，北梁末年，天下大乱，敬脱和尚为了寻找一处清净之地，云游四方。当他来到平遥郝洞村时，被一块风水宝地所吸引，决定在此建寺。他四处化缘，筹集资金，终于在唐末五代初建成了这座寺庙。

镇国寺的建筑充分体现了中国古代建筑的精湛技艺和深厚文化底蕴。整个寺庙坐北朝南，采用砖木结构，以中轴线为中心，呈左右对称布局。主要建筑有天王殿、大雄宝殿、法堂等，每个殿堂都保留着丰富的历史信息和独特的建筑风格。值得一提的是，该寺经金、元、明、清多次重建、重修，其建筑风格融合了唐、宋、金、元等多个朝代的特色。这种跨时代的建筑风格的融合，使得镇国寺成为中国古建筑的瑰宝之一。

　　镇国寺不仅是一座寺庙，更是一座历史的丰碑。它见证了中国古代社会的变迁和佛教文化的传播，也展现了古代建筑艺术的卓越成就。如今，镇国寺已成为平遥古城的重要景点之一，吸引着无数游客前来瞻仰和探索其深厚的历史底蕴。

芮城永乐宫

芮城永乐宫，位于山西省运城市芮城县，是中国道教的重要宫观之一。

永乐宫的修建可以追溯到元代初期，当时为了弘扬道教文化，全真教道士丘处机受元太祖铁木真之邀前往中亚，归来后在中条山建立道观，这就是永乐宫的前身。经过元、明、清三代的不断修缮和扩建，永乐宫逐渐成为一座规模宏大、建筑壮丽的道教宫观。

永乐宫的主要建筑沿纵向中轴线排列，有山门、龙虎殿（无极门）、三清殿、纯阳殿、重阳殿和邱祖殿（已毁），呈严谨的中轴线对称布局，是一组保存得较完整的元代道教建筑。

永乐宫的建筑特色还体现在其精美的壁画和雕刻上。宫内有许多道教神仙的壁画，这些壁画构图精美，笔法细腻，色彩鲜艳，是中国

壁画艺术的瑰宝。此外，永乐宫的雕刻也十分精湛，包括石雕、木雕、砖雕等多种形式，形象生动，寓意深远。

柿子滩遗址

柿子滩遗址位于中国山西省吉县，是一处重要的旧石器时代晚期遗址。这个遗址因其丰富的文化遗存和独特的地理位置，成为研究史前人类活动和文化发展的宝贵资源。

柿子滩遗址的发掘始于20世纪80年代。根据考古研究，这个遗址的时间可追溯到距今约2万至1万年前，这一时期正处于旧石器时代向新石器时代的过渡阶段，人类文化和技术在此时期经历了显著的变化。

柿子滩遗址中有大量的石器工具、动物骨骼和人类生活遗迹，这些证据表明这里曾经是一处人类聚居的场所；并且，在柿子滩遗址时期，人类已经学会了利用石器进行狩猎、采集和加工食物，同时也开始构建简单的住所。

在建筑特色方面，柿子滩遗址展示了旧石器时代晚期人类建筑的原始风貌。虽然当时的建筑技术相对简单，但人类已经能

够根据自然环境和生活需要，选择合适的地点构建住所。遗址中发现的石器工具也反映了当时人类技术的进步，这些工具不仅用于狩猎和采集，还用于加工木材和石材，构建更为稳固的住所。

　　柿子滩遗址的重要性不仅在于其丰富的文化遗存，更在于其揭示了史前人类的生活方式、文化发展和技术进步。这个遗址为我们提供了一个了解史前人类社会的窗口，有助于我们深入理解人类文明的起源和发展。

五台山

　　五台山，位于山西省忻州市五台县，是中国佛教的四大名山之一，也是世界文化遗产。这座山因其五座山峰如五台而得名，其中东台望海峰、西台挂月峰、南台锦绣峰、北台降雪峰、中台翠岩峰环绕之中。

　　随着东汉时期佛教的传入，五台山开始兴建寺庙。自此以后，历经多个朝代的修建和扩建，形成了如今规模宏大的佛教建筑群。五台

山上的寺庙多建于高山之上，如南禅寺、北岳庙、华严寺等，这些寺庙的建筑风格独特，融合了汉、藏、蒙等多元文化元素。

五台山的修建与佛教文化密切相关。据传五台山是文殊菩萨的道场，因此这里成为佛教信徒朝圣地。随着佛教的传播和发展，五台山逐渐成为集寺庙、塔林、石窟等多种建筑形式于一体的佛教文化圣地。这些建筑不仅满足了佛教信徒的宗教需求，同时也为后人留下了丰富的文化遗产。

在建筑特色方面，五台山的寺庙建筑风格独特，融合了汉、藏、蒙等多元文化元素。这些寺庙多采用木结构，屋顶覆盖琉璃瓦，墙体采用石材或砖砌，门窗雕刻精细。以南禅寺为例，这座寺庙坐北朝南，古朴典雅。寺庙的主体建筑大雄宝殿，面阔进深各三间，采用了传统的木结构建筑风格。殿内的梁柱、斗拱、檐椽等构件，均经过精心设计和细致雕刻，展现出中国古代建筑的精湛技艺。屋顶覆盖着琉璃瓦，阳光下闪闪发光，彰显出寺庙的庄严与神圣。北岳庙，位于五台山北麓，建筑风格与南禅寺截然不同。北岳庙的建筑更加注重对称和平衡，主体建筑沿着中轴线依次展开，左右对称，布局严谨。寺庙内的石雕也是一大特色，石雕工艺精湛，图案丰富多彩，既有佛教元素，也融入了地方文化特色。

此外，五台山的塔林建筑也是一大特色，这些塔林造型各异，有单塔、双塔、群塔等，其中最著名的是南山寺塔林，是中国现存最早的砖石塔群。

　　五台山的建筑群不仅具有独特的艺术价值，还承载着丰富的文化内涵。这里的寺庙和塔林不仅是宗教信仰的象征，更是中华民族文化的瑰宝。如今，五台山已经成为一个集自然风光、人文景观和佛教文化于一体的旅游胜地，吸引着成千上万的游客前来观光。

 悬空寺

　　悬空寺，位于山西省大同市浑源县境内的一座悬崖之上，是中国现存最早的佛教寺庙之一，也是世界著名的古代建筑奇迹。这座寺庙的建筑时间可以追溯到北魏时期。

　　悬空寺的修建与佛教的传播和悬崖上的自然环境密切相关。据传，北魏时期，一位高僧为了弘扬佛法，选择在悬崖上建造寺庙。经过多年的努力，最终建成了这座悬空寺。寺庙的建筑形式独特，充分利用

了悬崖上的天然洞穴和岩石，通过木结构和岩石相互支撑，形成了一种"悬空"的建筑效果。

虽于悬崖之上，但悬空寺的建筑结构紧凑，布局合理。寺庙的主体建筑是一座大雄宝殿，供奉着释迦牟尼佛像。大雄宝殿内部装饰精美，佛像栩栩如生。此外，悬空寺还有许多附属建筑，如钟楼、鼓楼、僧舍等，这些建筑与主体建筑相互呼应，构成了完整的寺庙。

悬空寺的建筑特色在于其"悬空"的构造和与自然环境的完美融合。这种构造方式充分展现了古代建筑的智慧和技艺。此外，寺庙所在的悬崖峭壁也成为其独特的景观之一，使得悬空寺成为世界著名的古代建筑奇迹。

 # 阎景李家大院

阎景李家大院，位于山西省运城市万荣县阎景村，是中国传统的家族聚居建筑群。

这座大院的建筑时间可以追溯到清朝末期，由当地富商李氏家族建造。经过多个世纪的传承和扩建，形成了如今规模宏大、保存完好的李家大院建筑群。清朝时，李家凭借其在商业和金融领域的才华和勤奋，成为当地著名的富商。为了彰显家族地位和传承家业，李家决定建造一座具有代表性的大院。他们聘请了当时最优秀的建筑师和工匠，采用传统建筑材料和技术，历经数十年，终于建成了这座宏伟的建筑群。

阎景李家大院展现了传统中国建筑的精湛技艺和独特美学。整个大院采用轴线对称布局，中轴线上依次排列着门楼、厅堂、正房等建筑，左右两侧则对称分布着厢房、耳房等辅助建筑。这种布局体现了中国古代的礼制思想和家族观念，强调了家族内部的秩序与和谐。

李家大院的建筑风格融合了山西地方特色和传统中国建筑的元素。门楼和厅堂的屋顶采用抬梁式结构，斗拱、梁枋等构件装饰精美，屋顶覆盖琉璃瓦，显得庄重而华丽。院内的墙体采用青砖砌筑，窗户则

采用传统的木雕工艺，图案丰富多样，展现了浓郁的地方特色。

除了建筑特色外，阆景李家大院还蕴含着丰富的文化内涵。这里曾是李氏家族的生活起居之地，也是他们经商、文化交流的重要场所。大院内的厅堂、书房等空间，见证了李氏家族的辉煌历史和文化底蕴。

雁门关

　　雁门关，位于山西省忻州市，是中国古代重要的关隘之一。这座关隘的建筑时间可以追溯到战国时期，历经多个朝代的修建和加固，形成了如今保存完好的古代军事防御体系。

　　雁门关与古代中国的军事战略和交通要道密切相关。这里地势险要，是山西高原通向华北平原的重要通道，也是古代丝绸之路和茶马古道的重要节点。在古代，为了保障中原地区的安宁和交通畅通，雁门关成为重要的军事关隘，历来为兵家必争之地。

　　雁门关展现了中国古代军事防御工程的辉煌成就。关城城墙高大

坚固，采用巨型石材和黄土夯筑而成，高约10米，宽约6米，周长约1公里。关城四周建有烽火台、敌楼、马面等军事设施，形成了完整的防御体系。此外，雁门关还设有内城和外城，内城为关隘的核心区，有官署、仓库等建筑；外城则是驻军和商旅活动的区域。

除了军事防御功能外，雁门关还具有独特的建筑美学价值。关城的建筑风格简约而雄浑，城墙上的箭垛、敌楼等建筑形式独特，体现了古代建筑的艺术风格。此外，雁门关所在的雁门山地形险要，山峦叠嶂，景色壮丽，与关隘建筑相互映衬，形成了一幅壮美的画卷。

雁门关承载着丰富的历史和文化内涵。在这里发生过的著名历史事件包括战国时期的赵国与匈奴的战争、唐朝与突厥的战争等。这些历史事件不仅在中国的历史上留下了深刻的印记，也对世界历史产生了重要影响。

 应县木塔

应县木塔，又被称为佛宫寺释迦塔，坐落在山西省朔州市应县城，与比萨斜塔、埃菲尔铁塔并称为"世界三大奇塔"。这座木塔的建造时间可以追溯到辽代，迄今已有近千年的历史。

在辽代，佛教极为盛行，为了彰显对佛祖的崇敬和弘扬佛教文化，当时的统治者决定建造一座高达百米的木塔，这就是应县木塔的雏形。历经多次战乱和地震，木塔虽曾一度被损毁，但又在后人的努力下得

以重建，成为现今我们所见的这一雄伟建筑。

　　应县木塔展现了辽代建筑的独特风格和高超技艺。整个木塔采用全木结构，没有使用一根钉子或任何金属连接件，全靠斗拱、柱梁镶嵌穿插吻合，互相支撑，结为整体。这种建筑方式充分展现了古代工匠们的智慧和技艺。木塔外观五层，内部却只有四层，外观呈现出一种简洁而雄伟的美感。每层都设有回廊，供游客凭栏远眺。木塔的每一层檐角都挂有小铃铛，每当微风吹过，铃声悠扬，仿佛在诉说着千年前的故事。

云冈石窟

　　云冈石窟，位于山西省大同市，是世界文化遗产之一，也是中国古代艺术的杰出代表。

　　北魏时期，为了弘扬佛教，宣扬教化，开凿了云冈石窟。这些石窟不仅是为了供奉佛像，也为僧侣提供了修行和信徒朝拜的场所。随

着时间的推移，云冈石窟逐渐发展成为一座大型的石窟群，包括了数十个大小不一的石窟。

云冈石窟的石窟数量众多，每一个都有其独特的特点。例如，第5窟是云冈石窟中规模最大的一座，洞窟前建有一座高大的仿木结构的楼阁，是中国早期的木结构建筑。第6窟是云冈石窟中最为宏伟的一座，洞内壁画精美绝伦，被誉为"云冈第一伟观"。第10窟和第11窟之间则建有一座大佛楼，是云冈石窟中最大的佛像所在。

此外，云冈石窟中的每一个石窟都有其独特的主题和风格。例如，第3窟是以音乐为主的洞窟，洞内壁画描绘了许多乐器和乐舞；第8窟则是一座以人为主题的石窟，展现了当时社会的风俗和礼仪。

在建筑特色上，云冈石窟展现了北魏时期的建筑技艺和艺术风格。石窟的建造采用了高超的雕刻技艺，佛像造型生动，细节精致。这些佛像不仅具有宗教意义，也反映了当时的社会风俗和审美观念。石窟的布局结构也非常独特，各个石窟之间相互呼应，形成了完整而和谐的建筑群。

第八章　河南篇

 白马寺

　　白马寺，位于河南省洛阳市，是佛教传入中国后兴建的第一座官办寺院。这座寺院始建于东汉永平十一年（68年），后屡次因战乱被损毁。经过多代人的修缮后，形成现在的白马寺。

　　白马寺的建筑风格独特。

　　古建区是寺院的中心区域，坐北朝南，采用中轴对称的格局。主要建筑都分布在寺院的中轴线上，自南向北依次是山门、天王殿、大

佛殿、大雄殿、接引殿和清凉台。这些建筑风格庄重，布局严谨，体现了中国古代建筑的艺术特色。

天王殿是白马寺的入口，采用高台歇山式建筑，殿内供奉着明代塑造的弥勒笑像、韦驮天将像等。大佛殿是寺院中供奉佛像的重要场所。大雄殿则是寺院的主体建筑之一，有释迦牟尼佛像和韦驮、韦力二天将等造像。清凉台是白马寺的最后一座建筑，是一座高大的砖砌台基，雄浑古朴；台上矗立着毗卢阁，是白马寺的最后一座佛殿，内供毗卢佛、文殊菩萨和普贤菩萨。

除了古建区外，白马寺还设有齐云塔院、印度佛殿苑、泰国佛殿苑和缅甸佛塔苑等多个区域。这些区域展示了不同国家的佛教文化和建筑风格，为人们提供了更丰富的佛教文化体验。

函谷关

　　函谷关，位于河南省三门峡市，是中国历史上建置最早的雄关要塞之一。其地理位置独特，西据高原，东临绝涧，南接秦岭，北塞黄河，是"两京古道"的要冲。因其深险如函，故称函谷关。

　　函谷关扼守在黄河岸边，作为东去洛阳、西达长安的咽喉要道，自古以来就是兵家必争之地。历史上许多著名的战役都在这里展开，如楚怀王举六国之师伐秦、刘邦守关拒项羽、安史之乱中的"桃林大战"，以及1944年中国军队与日本侵略军的"函谷关大战"等。

　　函谷关内有许多古建筑物，包括东门关楼、函谷古道、战国井式

箭库、鸡鸣台、望气台、太初宫等。其中，东门关楼呈凹型，坐西向东，控制入关的要道；因楼顶各饰丹凤一只，所以又叫"丹凤楼"。函谷古道是这一带唯一的东西通道，全长15公里，谷底有蜿蜒道路相通，崎岖狭窄，空谷幽深。战国井式箭库是战国时守关官吏储藏兵器的箭库。鸡鸣台又叫田文台，"鸡鸣狗盗"的故事就发生在这里。望气台又叫瞻紫楼，传说是函谷关关令尹喜登高望远、观察天象之地。"紫气东来"这一成语源出于此。太初宫为殿宇式古典建筑，是老子著述《道德经》的地方，也是道家文化的发祥地。

除了宏伟的建筑，函谷关还承载着丰厚的文化底蕴。我国古代思想家、哲学家老子曾于此著述《道德经》，这部经典影响深远，使得函谷关成为道家文化的发祥地，留名青史，名扬海外。

如今，函谷关已成为著名的旅游景点，吸引着众多游客前来参观。在这里，游客可以领略古代建筑的风格和特色，感受历史和文化的厚重。同时，函谷关也有教育和启示意义，让人们铭记历史，珍惜和平。

黄帝故里

　　黄帝故里，位于河南省郑州市。作为中华人文始祖轩辕黄帝的出生地、创业地和建都地，黄帝故里在战国《竹书纪年》和汉代《史记》等史书中均有明确记载。

　　整个黄帝故里景区的布局以"中华之根"为主题，从北至南依次分布着拜祖广场、故里祠和中华姓氏广场区，这些区域构成了"天、地、人"三大板块。景区内还有黄帝鼎坛、轩辕庙、故里祠、黄帝纪念馆区等一系列建筑。

　　轩辕庙作为景区中最为古老且核心的建筑，位于新郑市区的轩辕丘前。这座庙宇始建于汉代，虽然历代屡有毁建，但经过明清时期的重修，至今仍保存着大殿、东西厢房和前殿门等主要建筑。值得一提的是，清康熙年间，县令许朝柱在轩辕庙前立下了"轩辕故里"的石碑，成为这一地区的重要历史标志。

　　轩辕庙的正殿共有五间，中央供奉着轩辕黄帝的中年金身塑像。塑像上方悬挂"人文初祖"的匾额。正殿四周的壁画则生动形象地展现了黄帝一生的丰功伟绩。此外，东西配殿也各有三间，其中东配殿塑有黄帝元妃嫘祖"先蚕娘"像；而西配殿则塑有黄帝次妃嫫姆"先织娘"像。这些塑像和壁画共同构成了轩辕庙内丰富多彩的历史文化景观。

 # 康百万庄园

　　康百万庄园，坐落于河南省郑州市。庄园始建于明朝中叶，经过明末清初的发展，形成了现今我们所见到的规模。作为17、18世纪华北黄土高原封建堡垒式建筑的代表，康百万庄园被誉为豫商精神家园和中原古建的典范。

　　康百万庄园是康氏家族12代人400余年的聚居地，这个家族跨越了明、清和民国三个时代。庄园的建筑风格融合了黄土高原民居和北方四合院的特点，同时也吸收了官府、园林和军事堡垒建筑的特点。在选址上，它遵循了"天人合一、师法自然"的传统理念，依山而建，充分利用地形地势。庄园内各区域布局严谨、功能齐全，既有农耕用

地，也有官商建筑，形成了一个集农、官、商为一体的完整体系。

整个庄园占地240余亩，保存下来的建筑群包括寨上住宅区、寨下住宅区、南大院、祠堂区、作坊区、菜园区、龙窝沟、金谷寨、花园和栈房区等十大部分。其中共有53座楼房、97间平房和73孔窑洞，总计571间，建筑面积达到6.43万平方米。这些建筑群不仅展示了康氏家族的财富和地位，也体现了中原地区的建筑艺术和传统文化。

康百万庄园与山西晋中乔家大院、河南安阳马氏庄园并称为"全国三大庄园"，是中原地区最具代表性的官宅之一。它的存在不仅为我们提供了一个了解中原地区历史和文化的重要窗口，也为我们展示了古代封建社会的缩影。

龙门石窟

　　龙门石窟位于河南省洛阳市，是世界上造像最多、规模最大的石刻艺术宝库。它被联合国教科文组织评为"中国石刻艺术的最高峰"，并在中国各大石窟中名列首位。

　　"龙门"的名字源于大禹治水中所开凿的龙门，"鱼跃龙门"的传说也发生在这里。石窟的开凿始于北魏孝文帝时期，历经唐、宋、元、明、清等朝代，长达1400多年，是世界上营造时间最长的石窟之一。

　　龙门石窟由西山石窟、东山石窟、香山寺和白园四部分组成，现存洞窟和像龛2345个，造像11万余尊。在香山寺和白园，人们可以领略

中国传统文化和园林艺术的魅力。龙门石窟的造像多为皇家贵族所建，具有极高的艺术和历史价值。其中，卢舍那大佛是根据武则天的形象塑造的，而古阳洞则是孝文帝为冯太后所凿。此外，还有兰陵王孙于万佛洞造像、李泰为长孙皇后造宾阳南洞、韦贵妃凿敬善寺、高力士为唐玄宗造无量寿佛等。这些造像体现了皇家贵族的审美和信仰，是研究中国古代社会、文化和艺术的重要资料。

值得一提的是，龙门石窟的建造吸收了外来文化如天竺、新罗、吐火罗、康国等国的开窟造像风格，甚至还借鉴欧洲纹样和古希腊石柱等外国文化的元素。这使得龙门石窟成为世界上国际化水平最高的石窟之一。

龙门石窟是中国石窟艺术的"里程碑"，它的出现标志着中国石窟艺术的高度发展。它不仅对国内其他石窟的开凿产生了重要影响，还对东亚地区的石窟艺术产生了深远的影响。

千唐志斋

　　千唐志斋位于河南省洛阳市，是清末民初私人藏书的博物馆，由辛亥革命元老、南社诗人张钫先生所建。该建筑占地面积广阔，藏书丰富，是研究中国近现代文化、历史和艺术的重要场所。

　　千唐志斋的建造始于1917年，历时三年完成。其建筑风格独特，既有传统园林的韵味，又融入了西方元素，整个建筑群以青砖灰瓦为主，古朴典雅。张钫先生在建筑时巧妙地结合了书斋和园林的特点，使得这里既有浓郁的文化氛围，又具有优美的自然环境。

　　千唐志斋的建筑特色主要体现在以下几个方面：首先是其中西合

璧的风格，既有中国传统建筑的韵味，又有西方建筑的元素，体现了张钫先生的开放思想和多元文化观；其次是其巧妙的空间布局，建筑群错落有致，庭院深深，给人以宁静而幽雅的感觉；最后是其精美的装饰和细节处理，无论是门窗、檐角、栏杆还是石刻、木雕、彩绘等都十分精致，展现出高超的工艺水平。

总之，千唐志斋是一座集收藏、研究、展示为一体的文化宝库，也是了解和研究中国近现代历史和文化的重要场所。在这里，人们可以深入了解唐代历史文化的传承和发展，同时也可以感受中国传统文化的魅力和价值。

嵩山少林寺

　　嵩山少林寺位于河南省登封市，是中国著名的佛教禅宗祖庭和少林武术的发源地。少林寺建于北魏太和十九年（495年），因其坐落在嵩山少室山的茂密丛林之中而得名。

　　北魏时期，跋陀从印度航海到中国广州登陆，又到南京，再到少林寺，看到少林寺风景秀丽，幽雅清静，于是便在此修禅译经。孝文帝为安置高僧跋陀便为其修建该寺，此后，历代高僧在此传承禅宗，弘扬佛法，形成了少林寺独具特色的佛教文化。

　　少林寺的建筑特色主要表现为其庞大的建筑群和独特的结构布局。整个寺庙占地面积约5.76万平方米，是世界著名的佛教寺院之一。寺庙内的主体建筑有大雄宝殿、天王殿、钟楼、鼓楼、藏经阁等，这些建筑均为中国传统的木结构建筑，斗拱飞檐，气势恢宏。其中，大雄宝殿是供奉释迦牟尼的主殿，殿内供奉着三尊巨大的佛像，高达3丈，栩栩如生。

　　此外，少林寺还以其独特的少林武术而闻名于世。少林武术源远流长，博大精深，是中国武术的瑰宝之一。少林武术不仅技艺高超，而且注重内外兼修，强调"禅武合一"的理念。如今，少林武术已经成为少林寺的一大特色，吸引着世界各地的游客和武术爱好者前来观赏和学习。

 铁塔公园

　　铁塔公园位于河南省开封市，是集自然景观、历史文化、旅游观光为一体的综合性公园。铁塔公园因园内铁塔而得名，是开封市的地标性建筑之一。

　　铁塔建于北宋时期，高约55米，共有13层，是中国现存最早的铁塔。铁塔周围还存有许多历史建筑和文物，如铁塔寺、大殿、碑刻等，具有重要的历史文化价值。

　　铁塔的造型独特，层层叠叠，犹如一根铁棒直插云天，给人以强烈的视觉冲击力。铁塔的建筑工艺也十分精湛，采用传统的中国建筑技术，结构严谨，工艺精细。此外，铁塔公园内的其他建筑，如大殿、碑刻等，都具有高大的屋顶、斗拱、彩绘等传统元素，展现了中国传统建筑的魅力。

　　除了建筑特色外，铁塔公园内绿树成荫，花木葱茏，景色优美，人们可以在这里欣赏到四季不同的美景，感受大自然的神奇魅力；许多历史文化遗迹如碑刻、历史人物塑像等也散布园内，游客可以在这里了解中国历史和文化的发展历程。

 # 武陟嘉应观

武陟嘉应观位于河南省焦作市武陟县，是中国现存最早的治理黄河水患的专祠。

嘉应观的建造始于清雍正年间。整个建筑群占地面积广阔，布局严谨，气势恢宏。主体建筑包括正殿、偏殿、牌楼、御碑亭等，均采用传统的中国建筑风格，斗拱飞檐，雕梁画栋，精美绝伦。

清朝时，黄河屡次决口，给沿岸人民带来巨大灾难。为了治理黄河水患，清朝政府任命了多位治水专家，最终成功地遏制了黄河水患。为了表彰他们的功绩，清朝政府决定修建嘉应观，以纪念他们的治水功勋。

嘉应观内，有许多与治水相关的文物和历史遗迹，如碑刻、治水工程模型等，这些珍贵的文物见证了中国历史上治水技术的发展和演变。此外，嘉应观的建筑风格也独具特色，其主体建筑采用传统的中国建筑风格，但同时也融入了一些地方元素，使得整个建筑群既有传统的韵味，又具有地方特色。

殷　墟

殷墟位于河南省安阳市，是中国商代晚期的都城遗址，也是中国历史上最早的国家政治中心。

殷墟曾是商朝的政治、经济和文化中心。商朝末期，由于政治腐败和外患不断，商朝屡次迁徙，直到盘庚迁殷，都城的位置才确定下来。然而，随着周武王伐纣，商朝灭亡，殷墟也逐渐被废弃。直到清朝，人们才开始对殷墟进行系统性的发掘和研究。

整个殷墟遗址占地面积约36平方公里，是世界上规模最大的古代遗址之一。殷墟内，有许多重要的建筑和文物，如宫殿、祭祀建筑、墓葬、青铜器等，这些建筑和文物都具有极高的历史和文化价值。其中，最为著名的是殷墟的甲骨文，这是中国现存最早的成熟文字之一，对于研究中国历史和文化具有重要意义。

除了建筑特色外，殷墟还是一个自然景观和人文景观相融合的旅游胜地。殷墟内，有许多自然景观如湖泊、河流、山峦等，这些自然景观与殷墟的建筑和文物相互映衬，形成了一幅美丽的画卷。

第九章　山东篇

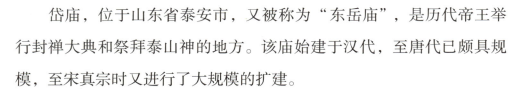

岱 庙

　　岱庙，位于山东省泰安市，又被称为"东岳庙"，是历代帝王举行封禅大典和祭拜泰山神的地方。该庙始建于汉代，至唐代已颇具规模，至宋真宗时又进行了大规模的扩建。

　　岱庙呈长方形，周长达1500余米，庙内各类古建筑有150余间。

总体布局上，其建筑风格采用了帝王宫城的式样，遵循了唐宋以来祠祀建筑中的最高标准，采用了以三条纵轴线为主、两条横轴线为辅的设计，呈现出均衡对称、向纵横双方扩展的组群布局形式。

岱庙的南端起于旧泰城的南门，向北延伸至南天门的中轴线上。整个建筑群以一条南北向的纵轴线为中心，均衡地向横向扩展。位于中轴线上的主体建筑有：遥参亭大殿、岱庙坊、正阳门、配天门、仁安门、天贶殿、中寝宫、厚载门。仁安门与天贶殿之间设有东西环廊作为连接，形成了岱庙的中心封闭院落。

岱庙的主体建筑是天贶殿，作为东岳大帝的神宫而存在。庙内还珍藏有秦朝李斯篆书的泰山刻石。岱庙与北京故宫、山东曲阜三孔、承德避暑山庄的外八庙齐名，并称"中国四大古建筑群"。

东平陵故城

　　东平陵故城位于山东省济南市，著名的城子崖龙山文化遗址在其西南约1000米处。

　　这座故城始建于战国时期，汉初时成为吕王的封地，汉文帝前元十六年（164年）封刘辟光为济南王，该城为王国之都。景帝时，济南国除为郡，东平陵成为郡治所在。此外，东平陵还是新莽时期的乐安郡治所。东汉初年，济南国重建，东平陵再次成为王都。

　　东平陵故城不仅是汉代诸侯国都城和济南郡首府，同时还是战国至汉代北方最重要的工业重镇。汉代在此设有铁官、工官等工业管理机构。城墙保存状况良好，城内地势平坦。东平陵故城是山东乃至全国保存状况较好的战国至汉代地方城址之一。

法兴寺遗址

　　法兴寺遗址，坐落在山东省济宁市。虽然经历了风雨沧桑和战火的破坏，但该地现仍保存着明清两代重修的龙碑数方、西竺禅师的七级墓塔及法兴寺大雄宝殿地基残垣等遗迹。

　　唐高宗和武则天在前往泰山封禅时，曾两次在此祭拜，使得法兴寺声名远播。明朝时，武僧西竺禅师率领三千僧兵前往胶东抗倭，立下了赫赫战功，后来成为法兴寺的住持，弘扬佛法，成为一代宗师，让法兴寺名扬天下。清朝雍正和乾隆皇帝也曾多次造访法兴寺，并为其重修大殿，数幢龙碑至今保存完好。

　　县志中，有诗赞叹法兴寺："山中别有天，隐隐见佛殿，龛座非向西，回光照佛面。"当红日西沉，天光渐渐消失时，只有法兴寺依然闪耀着余晖，形成了美丽的"法兴夕照"，此景与莲台春色、石井甘泉等并称"寿张古八景"。

光岳楼

　　光岳楼，位于山东省聊城市，始建于明洪武七年（1374年）。它也被称为"余木楼"或"东昌楼"，与鹳雀楼、黄鹤楼、岳阳楼、太白楼、滕王阁、蓬莱阁、镇海楼、甲秀楼、大观楼并列为中国的"十大名楼"。

　　明朝初期，由于北方局势不稳，为了防止蒙古族的复辟，东昌卫守御指挥佥事陈镛决定将土城改为砖城，并建造了一座高达百尺的

更鼓楼，初名为"余木楼"。到了成化二十二年（1486年），知府杨能对这座楼进行了维修，因其地理位置而得名"东昌楼"。然而，明弘治九年（1496年），当吏部考功员外郎李赞登上此楼时，他赞叹不已，认为这座楼虽与黄鹤楼、岳阳楼齐名，但更应该受到人们的敬仰。因此，他将其命名为"光岳楼"，意为这座楼在鲁地与泰山相映生辉。

光岳楼是一座四重檐十字脊过街式楼阁，通高33米，由墩台和4层主楼组成。尽管经过多次重修，许多建筑构件仍是初建时的原物，基本保持了原来的风貌，并保留了宋元风格。

棘梁山石刻

棘梁山，又名司里山，位于山东省泰安市东平县。根据碑文记载，这座山的名字来源于山上遍生的荆棘，因此最初被称为"棘良山"。到了宋代，为了维护当地治安，在此设立了巡检司，因此更名为"司里山"。

山顶有两块巨大的石头，被称为"千佛崖"。东西长32.2米，南北长14米，最高处达11米。东边的崖壁形状类似印章，西边的崖壁形状类似盒子，远看整个崖壁又像一座城堡。在这两块崖壁上共雕刻了从南北朝到明代788尊造像。其中，大的造像高达10米，小的只有10多厘米。根据统计，崖壁保留至今的造像共计480余尊。这些造像囊括了北朝、隋、唐、宋、元、明六个不同的时期，形成了一个庞大的造像群。

在这群石刻造像中，最大的一尊是释迦牟尼造像，高度达到7.5米。在释迦牟尼造像的左边是老子像，右边是孔子像。在这些主要的造像旁边，还有僧徒侍立的造像。值得注意的是，这些造像融合了佛教、道教和儒教三种不同的宗教元素，体现了"三教合一"的思想，这使得棘梁山石刻在中国宗教艺术史上占有重要的地位。

曲阜"三孔"

　　位于山东济宁曲阜的孔府、孔庙、孔林，被统称为"三孔"，自古以来就是中国纪念孔子和儒家学者朝圣的重要场所。作为推崇儒学的象征，曲阜"三孔"以其深厚的文化底蕴、悠久的历史传承、宏大的建筑规模、丰富的文物收藏以及卓越的科学艺术价值而闻名于世。

　　山东济宁曲阜是孔子的故乡，这位伟大的思想家和教育家曾在这里设坛讲学，创立了儒家学派，为后世横亘2000多年的中国历史留下了深刻的儒学烙印。孔子所代表的儒家文化，以其独特的理念塑造了整个中国的思想体系、政治格局和社会结构，成为中国文化的坚实基石。

孔庙，又称文庙，是在孔子去世后的第二年由鲁哀公在孔子故居的基础上改建而成的。经过历代王朝的扩建和修缮，特别是唐宋时期的大力发展，孔庙的规模逐渐扩大，现已成为占地600多亩的宏伟古建筑群。其中，仅在宋真宗年间一次修缮时就建造了殿堂廊庑达360间。明弘治年间进行的重修工程历时五年，耗资巨大，充分显示了儒家文化在中国历史上的重要地位。

孔府，又称"衍圣公府"，是孔子嫡系长子长孙世代居住的府邸。这座规模宏大的建筑群占地240亩，前部分为官衙，后部分为内宅，是中国封建社会典型的官衙与内宅合一的建筑。孔府的存在不仅代表了孔子后代的荣耀与传承，也是儒家文化在社会生活中影响深远的具体体现。

孔林则位于曲阜城北，是孔子及其后裔的家族墓地。这片墓地不仅历史悠久，而且面积最大，是世界上独一无二的氏族墓地。自孔子逝世后葬于此地开始，其后代便随葬于此，形成了今天的孔林。从孔子的弟子子贡为其守墓植树至今，孔林内的古树已万余株。这些参天古树见证了孔子家族的繁衍与儒家文化的传承。自汉代以后，历代统治者对孔林进行了十余次重修和增修，使其形成了现今的规模。

孔林是"一个很好的自然博物馆，也是孔氏家族的一部编年史"。这一评价恰如其分地概括了孔林的历史价值和文化意义。